论语通译(高中版)

金帆 ◎ 编

图书在版编目（CIP）数据

论语通译：高中版/金帆编. —福州：福建教育出版社，2018.4
（语文新课标必读丛书/何捷主编）
ISBN 978-7-5334-8092-9

Ⅰ.①论… Ⅱ.①金… Ⅲ.①儒家②《论语》—注释 Ⅳ.①B222.22

中国版本图书馆CIP数据核字（2018）第059291号

语文新课标必读丛书
主编 何捷
Lunyu Tongyi（Gaozhong Ban）
论语通译（高中版）
金帆 编

出版发行	海峡出版发行集团 福建教育出版社
	（福州市梦山路27号 邮编：350025 网址：www.fep.com.cn
	编辑部电话：0591－83786690
	发行部电话：0591－83721876　87115073　010－62027445）
出版人	江金辉
印　刷	福州华彩印务有限公司
	（福州市福兴投资区后屿路6号 邮编：350014）
开　本	960毫米×1280毫米　1/32
印　张	8.625
字　数	170千字
版　次	2018年4月第1版　2018年4月第1次印刷
书　号	ISBN 978-7-5334-8092-9
定　价	19.80元

如发现本书印装质量问题，请向本社出版科（电话：0591－83726019）调换。

总序 | FOREWORD

人生那么短，有时间就读经典

每个人成年后，都有一个难以回避的遗憾——童年的时光那样珍贵，而我们却常常无端浪费。

在我看来，童年，就是阅读的大好时光。有一句心里话，与大家分享："儿时正是读书时。"你不得不承认，小时候拥有最自由的阅读时间。虽然说那些让人讨厌的作业整天形影不离缠着你，虽然说学习看起来还真的不是那样简单，但和未来要承担繁重工作的你相比，儿时的你，的确有大把大把的时间可以自由支配。儿时，还是最有精力的时候，只有等到你长大，或者像我一样到了中年，你才会知道什么叫做"牵绊"，什么叫做"分散"，什么叫做"心有余而力不足"。而等你感受到的时候，就是遗憾降临的时候。至今清楚地记得，相对于如今的我而言，小的时候我也曾精力充沛，而不能原谅的是，却看着时间大把大把地从我的生命中流逝。

最重要的是，儿时是最能琢磨出读书趣味的时候。因为小，所以你的无知也显得可爱，所以什么都值得你读一读。儿时的好学就是特质，似乎什么都值得你了解，什么对于你来说都是新鲜的。世界上的一切都在召唤你去探索，去改变。无疑，阅读是最佳的方式。阅读，最经济，最简单，最直接，最有效；不知道的，感兴趣的，都可以通过阅读来获取。

这样看来，读书是不二的选择，这点毋庸置疑了。只是要知道：小的时候读了多少？读了什么？怎么读？这些几乎决定了你未来长成什么样，长得好不好，怎么成长。接下来我们就说说"为什么要读经典"。

很多人对我的童年读书经历很感兴趣。他们从我的课堂上，从我出版的教学专著中，做了很多猜测：课上成这样，书出版得这么多，小的时候，他一定读过不少书吧。不然，怎么这样能写，如此能说？大家猜对了，我小的时候，书的确读得多。不过我读的更多的是大家瞧不上的"小人书"。一共好几个抽屉呢。请不要笑话哦，在我童年的那个年代，能够读几个抽屉小人书，一定是"家境优越""家风正派"的。我的父亲是党报的编辑，他非常重视我和姐姐的阅读。因此，花了很多钱，为我们购买了这些小人书。这在当时，算得上是一种奢侈品。所以，我的童年过得是有滋有味的。记不清具体是哪一年，依稀是四年级时吧，有一天妈妈下班回来，带给我几页金庸先生写的《射雕英雄传》的残页。所谓"残页"，就是工厂印刷失败后留下的废纸啦。妈妈在新华印刷厂工作，她为我捡回这些残页，并没有太多想法，只是丢给我，让我随便看看。没想到这一看，就像着了魔。我开始如饥似渴地读起金庸的武侠小说来，一本接着一本，根本停不下来，真正是到了可以不吃饭、不睡觉也要看的地步。后来我确证了，金庸的武侠小说，本本堪称经典。读了如此有意思的书后，那些小人书就排不上队了。瞧，好的作品有曲折动人的情节，有活生生的有血有肉的人物，有精致诱人的细节，有让人沉醉其间的魅力。后来，小学时的每一个中午，我都是捧着厚厚的金庸小说睡着的。再后来，我还把自己的网名起为"语文老顽童"，你一定明白，这是深深地受到了经典武侠小说的影响。

阅读经典，就像用针在你的灵魂里纹绣美图。

中学时，书读得少了。到了师范学校，我全心全意地修炼教师基本功，读得也不够。做了老师，阅读的缺损就来惩罚我了。课设计得很单薄，言论没有内涵，很浅薄，一切都显得轻飘飘的。这个时候，依然是妈妈告诉我：别慌，可以用读书去改变。于是，在妈妈的鼓励下，我又一次开始阅读。真的有惊喜啊，小时候所有的阅读体验都在重新阅读时顺利复活了。阅读，其实就是一种记忆的唤醒，就是一种微火的吹燃。儿童时代所有的阅读，都构成了我们的阅读历史，构成了我们的生命，都成为我们不断成长的动力。儿时阅读，是至关重要的。

我还欣喜地发现：当老师爱上阅读，学生自然爱上阅读。

教师引导儿童阅读，绝非难事，但不要过于强调，大张旗鼓。一个老师爱读书，所带的班级学生自然也爱读书。所以，起初我主张自由阅读，并不做具体的推荐。孩子读得很随意，他们喜欢那些像"饮料"一样，乍一看很刺激的书。虽然读了，但读得不对，进步自然很慢，甚至言行还出现偏差。读什么书，对人的影响是巨大的。后来，我让他们更多关注经典这一类犹如"粮食"一样的书，情况一下得到了好转。什么是像"粮食"一样的经典呢？首先，这些书并不哗众取宠地讨好你，相反，也许你初读时并不感觉"好在哪里"，甚至还有些"读不懂"，或者是读了，有感觉了，但一切都是恬淡的、舒适的、自然的，只是的确有一种说不清楚的诱惑力，让你舍不得放下。之后，你再读，可能就会品出其中的滋味了。这种感觉让人难忘，简直说是无法磨灭。再后来，你也许会不断主动重复阅读，因为你的身体、心灵都在要求你再读一读，你已经和这些经典的书融合在一起。经典，已经化为你的血液了。这如同粮食对人的给养，让你慢慢成长。在此之后的一生中，无论遇到什么样的情况，经逢各种各样的事，你的脑海中都会冒出一个形象，一个桥段，一个细节，它们都存活在经典中，都在冥冥中给你力量，给你帮助。这就是经典带来的力量。于是，你做出了一个很有意思的决定——把这本书推荐给身边最亲爱的人。

明白了吧，这就是我今天为什么向你推荐这套经典读物的原因了。我也是被经典打动、滋养的。我怎么能独享？当然要和你一起欣赏。

这套近百部的经典，已经不需要再次罗列书名了。对你来说，它们简直就像老朋友，真有一种"低头不见抬头见"的亲切感。但我相信，这一次你阅读它们，阅读这一套丛书，会有很多新的收获。我接下来和大家说说"如何读才好"。

经典，已经摆在我们面前，该怎么去读呢？答案很简单，三个字——慢慢读。

经典是最值得你花时间去品味，去琢磨，甚至多读几遍的。我敢保证，每一次阅读你都会有不同的发现。我希望，你可以不断进步，让阅读的层次不断提升，越读越会读。比如说，有的人读经典，只喜欢其中叙述的故事。的确，故事很精彩，但光是停留在故事，停留在内容，就等于你开采到了一块宝石，但是你却抚摸包裹在外的石衣，还没有看到真正璀璨的光芒。只读故事，损失了经典十分之九的色彩。有的孩子已经知道读经典是需要手到、眼到、口到、心到的，可以做些笔记、摘抄，做一些批注，还可以写一些随想、感受，等等。长期这样阅读经典，等于同时养成一个习惯，让自己的读写能力完成日积月累的增长。一段时间以后，你的语言也发生了变化，你的文章越发的漂亮，你看问题的角度也变得与众不同，这就叫"腹有诗书气自华"。记住，好习惯是需要日积月累的，坚持就是你永远应该保持的姿态。

必须说明，还有一种小孩非常特别。他们读书时善于思考。每次接触经典，他们都会去思考：到底这样的经典是怎么写成的呢？为什么这些故事会流传到今天呢？为什么至今还有那么多人喜欢呢？

带着探索的心，一边想，一边读，你将层层剥笋，如获至宝。每读一次都将增长读与写的功力，变得能读善写。比如说读了《水浒传》，你会发现每个好汉都有他的绰号，而绰号和好汉的特点是相关的，你开始琢磨作者是怎么去构思并写出这么多各具特色的人物呢？哪些细节让我们留下对人物深刻的印象呢？再比如说你发现《西游记》中有一个故事叫"三打白骨精"，《三国演义》中有个故事叫"三顾茅庐"，还有"三气周瑜",《水浒传》中有"三打祝家庄"的故事。为什么都是"三"呢?是巧合吗?难道真是发生了三次吗?读得多了,你会发现这也许就是一种创作的手法吧。再往下读,你又会看到许许多多的作品中居然都有这个神秘的"三"的存在,慢慢地你就会用"三"的结构来写自己的故事。看,你不就又成长了吗?

阅读了这套书,接触过近百部经典之后,你会非常欢喜,因为收获满满,实实在在。这时候,我希望你把这些经典推荐给自己的小伙伴,或者,直接跟同伴讲这些经典故事吧。经典本身就需要被口耳相传;经典本身就可以通过一次又一次的接力传承下去。你甚至发现,身边处处都是这些经典的影子。例如,有的经典被拍成电影,有的经典化为一个个细小的话题,有的值得进行专项的研究性学习、主题研究,等等。读经典,让整个人都变了。读经典的妙用就在于"陶冶性灵,变化气质"。

童年正在流逝,还等什么?赶紧读经典吧!

2017 年 10 月

目　录 | CONTENTS

总序　人生那么短，有时间就读经典……………………何捷

《论语通译（高中版）》导读方案……………………… 1

学而篇第一………………………………………………… 5
为政篇第二………………………………………………… 14
八佾篇第三………………………………………………… 26
里仁篇第四………………………………………………… 39
公冶长篇第五……………………………………………… 49
雍也篇第六………………………………………………… 63
述而篇第七………………………………………………… 77
泰伯篇第八………………………………………………… 93
子罕篇第九………………………………………………… 103
乡党篇第十………………………………………………… 117
先进篇第十一……………………………………………… 130
颜渊篇第十二……………………………………………… 146

子路篇第十三 …………………………………… 159
宪问篇第十四 …………………………………… 173
卫灵公篇第十五 ………………………………… 193
季氏篇第十六 …………………………………… 208
阳货篇第十七 …………………………………… 218
微子篇第十八 …………………………………… 231
子张篇第十九 …………………………………… 239
尧曰篇第二十 …………………………………… 250

名句索引 ………………………………………… 254
名著知识要点 …………………………………… 261
阅读自我测试 …………………………………… 263
参考答案 ………………………………………… 266

《论语通译（高中版）》导读方案

一、掌握重点实词和虚词的含义

学习文言文，首先要掌握和积累丰富的文言词汇。文言文中的基本词汇大多与现代汉语意义相同，这好理解；但有些词，古今意义发生了变化，学习文言文要特别注意这些词语；另外，一些文言虚词，如"之""乎""者""其"之类，意思比较宽泛，在不同的语言环境里，它的意思和用法可能不同。这就需要联系上下文，正确理解。

> "吾日三省吾身"，这里的"三"不是确数，表示多的意思；"省"是反省、检查之意。"三省"在这里就是多次反省的意思。
>
> "默而识之"，"之"作为一个重要的虚词，含义很多，在翻译时我们需要联系上下文的意思来看。此处的"之"指"学到的知识"。

二、掌握正确翻译句子的方法

古文翻译的要求一般归纳为信、达、雅三项。"信"，是指译文要准确地反映作品的含义，避免曲解原文内容；"达"，是指译文应该通顺、晓畅，符合现代汉语语法规范；"雅"，是指译文不仅应准确、通顺，而且应生动、优美，能再现原作的风格神韵。

古文翻译的方法主要有"直译"和"意译"两种。直译，指紧扣原文，按原文的字词和句子进行对等翻译的今译方法。它要求忠实于原文，确切表达原意，保持原文的本来面貌；意译，指在透彻理解原文内容的基础上，为体现原作神韵、风貌而进行整体翻译的今译方法。我们在翻译《论语》时，要结合这两种翻译方法，以"直译"为主，"意译"为辅，既做到忠实于原文，又要使言辞畅达、文采斐然。

> "樊迟请学稼。子曰：'吾不如老农。'请学为圃。子曰：'吾不如老圃。'"
>
> 译文为：樊迟请求学种庄稼。孔子道："我不如老农民。"又请求学种菜蔬。孔子道："我不如老菜农。"
>
> 这段译文紧扣原文，字词落实，句法结构基本上与原文对等，属于直译。但对直译又不能作简单化理解，由于古今汉语在文字、词汇、语法等方面的差异，今译时对原文作一些适当的调整是必要的，并不破坏直译。

三、感受《论语》语言凝练的艺术特色

《论语》是记录孔子与其弟子有关言论的语录体散文，因此在语言运用上接近口语化，具有浅显明了，形象生动，亲切自然，富于哲理的特点。

> "不耻下问""学而不厌，诲人不倦""三人行必有我师"等，在我们的学习和生活中就常被用到。

其中的一些名句典雅凝练、内涵丰富、思想深邃，在人们不断引用的过程中又被简化、紧缩，形成了成语、格言、典故。

> "温故知新""择善而从"，字里行间，使人感受到孔子平易谦和、循循善诱、为人师表的长者风范。

四、挖掘《论语》中蕴含的深刻道理

《论语》是儒家的重要典籍之一,是中国政治伦理和社会伦理的基石,它囊括了道德、仁爱、教育等诸多思想;它启迪着人们自觉修身、完善自我,去追求人生的最高精神境界,实现人生的自我价值和社会价值。《论语》中蕴含的道理,即使放在我们现在,仍有极强的指导意义。

> "诲女知之乎!知之为知之,不知为不知,是知也。"
>
> 译文为:"教给你对待知或不知的态度吧!知道就是知道,不知道就是不知道,这就是聪明智慧。"
>
> 这里要求我们对于客观事物的态度应该从自身实际出发,正确认识自己,实事求是。这个观点至今仍然对我们有着极强的教育意义。

本书在《论语》原著基础上加以改编,以更适合青少年阅读。

学而篇第一

"学而"作为《论语》首篇，内容涉及诸多方面。本篇主要谈学习，提出了"学而时习之""吾日三省吾身"等基本观点，这些观点直到今天都具有重要意义。侧重谈的是学习的内容，如孝悌、忠信、仁爱、君子的行为规范等。其中"孝悌为人之本"是《论语》的根本思想，由孝而悌，继而推己及人，对下"泛爱众"，对上尽忠竭力，这在本篇及后面的篇章中均有论述。所以，我们在学习《论语》时要注意抓住这个根本思想，并加以细细体会，这样才能更好地理解孔子及儒家的其他思想。

1.1 子①曰："学而时②习③之，不亦④说⑤乎？有朋⑥自远方来，不亦乐乎？人不知⑦而不愠⑧，不亦君子⑨乎？"

译文

孔子说："学习了并在一定的时间实习，不也很愉悦吗？有志同道合的人从远方来，不也很快乐吗？别人不了解自己，自己却不怨恨，不也是君子吗？"

①子：古代对老师的敬称，因为《论语》是由孔子弟子编纂整理的，称"子"表示对孔子的尊敬。《论语》中所有"子曰"中的"子"，都指孔子。②时：在一定或恰当的时候。③习："习"在古代有温习、实习等多种意思，根据孔子所教授的"六艺"（礼、乐、射、御、书、数）中的乐、射、御等，都必须通过实习、演习才能学会的情况，"习"在这里解释为实习更为贴切。④亦：副词，无实在意义，起加强反问语气作用，这里可解释为"也"。⑤说：同"悦"，高兴，愉悦的意思。⑥有朋：又作"友朋"，古注说"同门曰朋，同志曰友"，这里指志同道合的人。⑦知：了解，理解。⑧愠：yùn，怨恨、恼怒。⑨君子：《论语》中的"君子"，有时指地位高的人，有时指品德高尚的人，这里指品德高尚的人。

1.2 有子①曰："其②为人也孝弟③，而好犯④上者，鲜⑤矣；不好犯上，而好作乱⑥者，未之有也⑦。君子务本⑧，本立而道⑨生。孝弟也者，其为仁之本与⑩！"

译文

有子说："为人孝顺父母，敬爱兄长，却喜欢冒犯上级，这种人是很少见的；不喜欢冒犯上级，却喜欢造反，这种人从来没有过。有德行的人致力于根本，根本树立起来了，事物的根本规律也就形成了。孝顺父母、敬爱兄长，这就是仁义的根本啊！"

①有子：指有若，鲁国人，孔子晚年的学生。《论语》中，孔子的弟子一般称字，唯独对曾参、有若称"子"，因此有人认为《论语》有可能是他们两人的弟子所编纂的。②其：语气助词，表示揣测。③孝：子女对父母要赡养尊敬。弟：同"悌"，音tì，弟对兄长要尊敬爱戴。④犯：触犯、冒犯、

违反的意思。⑤鲜：xiǎn，少。⑥作乱：造反。⑦未之有也：宾语前置，即"未有之也"，意为没有这种事。⑧务：从事，致力于。本：根本，基础。⑨道：诸子百家都喜欢用"道"来表述本派所认为的宇宙的核心本质，事物的根本规律、道理等。在这里，指儒家的"仁道"。⑩与：同"欤"，语气词。

1.3 子曰："巧言①令色②，鲜矣仁。"

译文

孔子说："花言巧语，假装讨好的面容，这种人少有仁德。"

---

①巧言：花言巧语。②令色：令，美好的意思。令色，指讨好的面容。

1.4 曾子①曰："吾日三省②吾身。为人谋③而不忠④乎？与朋友交而不信⑤乎？传⑥不习⑦乎？"

译文

曾子说："我每天多次反省自己，为别人做事是否竭尽了自己的全力？与朋友交往是否诚实守信？老师所传授的学问是否实习过了呢？"

---

①曾子：名参（音 shēn），字子舆，鲁国人，孔子晚年的弟子。②三省：三，古人常用三、九等字来表示多的意思。省，xǐng，反省、检查。③谋：谋划。④忠：尽忠心，意为竭尽全力。⑤信：诚实守信。⑥传：chuán，动词作名词，指老师所传授的学问。⑦习：意为实习。

1.5 子曰:"道①千乘之国②,敬③事而信,节用④而爱人⑤,使民以时⑥。"

译文

孔子说:"治理拥有一千辆战车的诸侯国,就要谨慎行事,诚实守信,节约财用,爱护官吏,役使民众要在农闲时。"

---

①道:同"导",治理。②乘:shèng,古代计算兵车的单位,每乘用四匹马。千乘之国,即拥有千乘战车的诸侯国,"千乘"在当时属于中等水平。③敬:严肃慎重的态度。④节用:节约用度。⑤人:广义的"人"指一切人,狭义的"人"指士大夫阶层以上的人。这里为后者的意思,与后面的"百姓"相对。⑥时:合适的时候。古代以农业为主,所以役使民众须在农闲之时。

1.6 子曰:"弟子①入②则孝,出③则悌,谨④而信,泛⑤爱众而亲仁⑥。行⑦有余力⑧,则以学文⑨。"

译文

孔子说:"年纪幼小的人在家孝顺父母,在外敬爱兄长,寡言诚信,博爱民众而亲近有仁德的人。躬行实践之后,如果还有剩余的力量,那么就可以学习文献典籍了。"

---

①弟子:年纪幼小的人。②入:在家。③出:在外。④谨:这里是寡言的意思。⑤泛:广泛。⑥仁:仁者,具有仁德的人。⑦行:躬行实践以上这些事。⑧余力:多余力量。⑨文:古代文献典籍。

1.7 子夏①曰："贤贤易色②；事父母，能竭其力；事君，能致③其身；与朋友交，言而有信。虽曰未学，吾必谓之学矣。"

译文

子夏说："对妻子敬重德行，不重容貌；侍奉父母，能够竭尽全力；侍奉君主，能够不惜自己的生命；与朋友交往，能够言而有信。这样的人，即使说没有学习过，我也一定说他已经学过了。"

---

①子夏：姓卜，名商，子夏是他的字，卫国人。孔子晚年的弟子，擅长文学。②贤贤：第一个"贤"是动词，第二个"贤"是名词，指看重贤德。易色，看轻容貌。③致：献出。致其身：意译为不惜自己的生命。

1.8 子曰："君子不重①则不威②，学则不固③。主④忠信，无友⑤不如己者。过⑥则勿惮⑦改。"

译文

孔子说："君子言行不庄重就不会有威严，所学知识也不牢固。以忠信为做人处事的原则。不要同道德上不如自己的人做朋友。有了过错，就不要怕改正。"

---

①重：庄重。②威：威严。③固：稳固，牢固。④主：以……为主。⑤友：名词作动词，与……做朋友。⑥过：名词作动词，有了过错。⑦惮：dàn，怕。

1.9 曾子曰："慎终①，追远②，民德归厚③矣。"

译文

曾子说："谨慎处理父母的丧事，祭祀祖先的时候要非常恭敬，那么民众的德行就归于淳厚了。"

---

①终：父母的死亡，这里指父母的丧事。②追远：追念久远的先祖，这里指祭祀要恭敬。③厚：淳厚。

1.10 子禽①问于子贡②曰："夫子③至于是邦④也，必闻其政⑤。求之与？抑⑥与之与？"子贡曰："夫子温⑦、良⑧、恭、俭、让⑨以得之。夫子之求之也，其诸⑩异乎人之求之与！"

译文

子禽向子贡问道："夫子来到一个国家，一定能够听到这个国家的政事。这是特意去求取的呢？还是别人主动告诉他的？"子贡说："夫子是靠温厚、和善、恭敬、节俭、谦逊而获得的。即使夫子是特意求取的，或许与别人的求取方式也不同吧？"

---

①子禽：姓陈，名亢，子禽是他的字。②子贡：姓端木，名赐，子贡是他的字。孔子的弟子，擅长言语。③夫子：古代对做过大夫的人的敬称，孔子曾为鲁国司寇，后来沿袭用以称呼老师。这里特指孔子。④邦：国家。⑤政：政事。⑥抑：或者，还是。⑦温：温厚，温顺。⑧良：和善，善良。⑨让：谦逊。⑩其诸：或许，大概，表示不肯定的语气。

1.11 子曰:"父在,观其①志②;父没③,观其行④;三年⑤无改于父之道⑥,可谓孝矣。"

译文

孔子说:"父亲在世的时候(因为他无权独立行动),要观察他的志向;父亲去世以后,要观察他的行为。长时间不改变父亲善的、好的处事原则,就可以称得上是孝了。"

---

①其:指儿子。②志:志向。③没:mò,去世。④行:行为。⑤三年:按照周礼的规定,父亲死后,儿子要守孝三年。这里也可以指多年,或一段较长的时间。⑥道:指父亲在世时的行为都可以称为道,但这里主要是指善的、好的处事原则。

1.12 有子曰:"礼之用①,和②为贵。先王③之道,斯④为美⑤;小大由⑥之。有所不行,知和而和,不以礼节⑦之,亦不可行也。"

译文

有子说:"礼的运用,以做得和谐为可贵。过去圣明的君主治理国家,可贵的地方就在这里;不论大事小事都依照这样去做。但是,如果有行不通的地方,只知道为了和谐而求和谐,不用礼来节制,这也是不可行的。"

---

①用:实践,运用。②和:和谐,恰当。③先王:前代圣明的君王。④斯:此,代词。⑤美:善,好。⑥由:服从,施行。⑦节:节制。

1.13 有子曰:"信近①于义②,言可复③也。恭近于礼,远④耻辱也。因⑤不失⑥其亲,亦可宗⑦也。"

译文

有子说:"所守的诺言要合乎义,诺言才可以兑现。如果态度恭敬而且合乎礼的规范,那么就会避免遭到侮辱。依靠可亲的人,也就可靠了。"

---

①近:接近、合乎的意思。②义:指儒家的伦理范畴。③复:实践,朱熹《集注》云:"复,践言边。"④远:使动用法,使之远离的意思,此处也可译为避免。⑤因:依靠、凭借。⑥不失:没有失去,意为不避。⑦宗:可靠。

1.14 子曰:"君子食无求饱,居无求安,敏①于事而慎于言,就②有道③而正④焉,可谓好学也已。"

译文

孔子说:"有德行的人饮食不要求饱足,居住不要求安适,做事敏捷并且说话谨慎,到有道德的人那里去匡正自己,这样可以说是好学的了。"

---

①敏:敏捷。②就:到……去。③有道:有道德的人。④正:这里做动词,匡正。

1.15 子贡曰:"贫而无谄①,富而无骄②,何如③?"子曰:"可也;未若贫而乐④,富而好礼者也。"

子贡曰："《诗》云：'如切如磋，如琢如磨⑤'，其斯之谓与？"子曰："赐⑥也，始可与言《诗》已矣，告诸⑦往⑧而知来者⑨。"

译文

子贡说："贫穷但不谄媚奉承，富有而不骄傲自大，怎么样？"孔子说："可以；但是却不如贫穷还乐于道，富有还喜好礼啊！"

子贡说："《诗经》中说：'要像加工玉石那样切割锉削，细刻磨光'，讲的就是这个意思吧？"孔子说："赐啊，现在可以跟你谈论《诗经》了，告诉你一件事，你就能推及其他，举一反三了。"

---

①谄：谄媚奉承。②骄：骄傲自大。③何如：怎么样。④贫而乐：一般认为该句下有一"道"字。⑤如切如磋，如琢如磨：两句出自《诗经·卫风·淇澳篇》。切、磋、琢、磨是加工玉器的不同工序。⑥赐：子贡的名，孔子对学生都称名。⑦诸：之于。⑧往：过去的事，这里指已知的事。⑨来者：未来的事，这里指不知道的事。

1.16 子曰："不患①人之不己知②，患不知人也。"

译文

孔子说："不担心别人不了解自己，担心的是自己不了解别人。"

---

①患：担忧，担心。②己知：宾语前置，即"知己"，意为了解自己。

为政篇第二

为政篇,初步看去,似乎不是在说为政,而是在讲孝、讲君子、讲信用。其实,整篇内容都是在围绕"为政"这个主题而展开。第一句是本篇主旨,起着提纲挈领的作用——"为政以德,譬如北辰,居其所而众星共之。"接着孔子谈到了如何谋求官职和从政为官的基本原则、学习与思考的关系、孔子本人学习和修养的过程、温故而知新的学习方法,以及对孝、悌等道德范畴的进一步阐述,这些都体现了孔子为政以德的思想。关于为政之道,孔子认为除了施行仁政,用道德来治理国家外,还特别强调"礼"的作用,用礼教来治理,老百姓才会有羞耻之心。

2.1 子曰:"为政以德,譬如北辰[1],居其所[2]而众星共[3]之。"

译文

孔子说:"用道德来治理国家,那么自己就会像北极星处在自己的位置上,而众多的星辰都围绕在它周围。"

①北辰：北极星。②所：处所。③共：同"拱"，围绕、环抱的意思。

2.2 子曰："《诗》三百①，一言以蔽②之，曰：'思无邪③'。"

译文
孔子说："《诗经》三百篇，用一句话来概括，就是'思想纯正，没有邪念'。"

①三百：《诗经》有三百零五篇，举其整数，称三百。②蔽：概括。③思无邪：出自《诗经》，这里指思想纯正，没有邪念。

2.3 子曰："道①之以政，齐之以刑②，民免③而无耻；道之以德，齐之以礼，有耻且格④。"

译文
孔子说："利用政令来引导他们，使用刑法来整治他们，老百姓只是暂时免于罪过，却没有廉耻之心；如果用道德来引导他们，用礼仪来整治他们，那么老百姓不但有廉耻之心，而且人心归服。"

①道：同"导"，引导的意思。②齐之以刑：齐，作动词，使整齐、规范。意思是用刑法来整治他们。③免：这里是免罪、免祸的意思。④格：一般解释为"来""敬"等意思。根据《礼记·缁衣篇》对孔子此言的最早注释，这里解释为归服、向往更为贴切。

2.4 子曰:"吾十有①五而志于学,三十而立②,四十而不惑③,五十而知天命,六十而耳顺④,七十而从心所欲,不逾矩⑤。"

译文

孔子说:"我十五岁有志于做学问,到三十岁能在社会上立身处世,到四十岁遇事不再疑惑,到五十岁知道什么是天命,到六十岁能听别人的话判明是非,辨别真假,七十岁时便随心所欲,做任何事情不超出规矩。"

---

①有:同"又"。表示相加。②立:本义是站立的意思,这里指在社会上立身处世。③惑:疑惑。④耳顺:能听别人的话判明是非,辨别真假。⑤不逾矩:逾,越。不逾矩,是不超出规矩的意思。

2.5 孟懿子①问孝。子曰:"无违②。"樊迟③御④,子告之曰:"孟孙问孝于我,我对曰,无违。"樊迟曰:"何谓也?"子曰:"生,事之以礼;死,葬之以礼,祭之以礼。"

译文

孟懿子向孔子问孝道。孔子说:"不要违背礼。"一天,樊迟替孔子驾车,孔子告诉他说:"孟孙向我询问孝道,我回答说,不要违背礼。"樊迟说:"这是什么意思?"孔子说:"父母活着的时候,要依礼节来侍奉他们;死了,要依礼节来埋葬他们,祭祀他们。"

①孟懿子：鲁国大夫，姓仲孙，名何忌，懿是谥号，他是长期把持鲁国国政的"三桓"之一，社会地位比较高。②违：违背。③樊迟：孔子学生，名须，字子迟。④御：驾车。孔子出门时，多是学生驾车，师生在车上互相对答。

2.6 孟武伯①问孝。子曰："父母唯②其③疾之忧④。"

译文

孟武伯向孔子请教孝道。孔子说："父母只为子女的疾病担心。"

①孟武伯：仲孙彘，孟懿子的儿子，"武"是谥号。②唯：只。③其：第三人称代词，他的、他们的，这里指父母。④疾之忧："疾"指疾病，"忧"指担心。一般父母，处处为子女担忧，这就是子女的不孝，许多方面都让父母放心不下。若是言行端正，用不着父母担心，只有偶尔生病时，才使父母担心，实在已经是孝子了。

2.7 子游①问孝。子曰："今之孝者，是谓能养②。至于犬马，皆能有养；不敬③，何以别乎？"

译文

子游向孔子问孝道。孔子说："现在所谓的孝就是能赡养父母就行了。就是狗马也能得到饲养；如果对父母不恭敬，那么赡养父母与饲养狗马又有什么分别呢？"

①子游：孔子的学生，姓言，名偃，字子游，吴国人。②养：赡养。③敬：恭敬。

2.8 子夏问孝。子曰："色难①。有事，弟子②服③其劳；有酒食，先生馔④，曾⑤是以为孝乎？"

译文

子夏向孔子问孝道。孔子说："孝敬父母，难就难在要在父母面前保持和气的脸色。只是有事情，年轻人去做；有酒食，就让年长的人来享用，这样竟然可以认为是孝了吗？"

①色难：脸部表情难看。②弟子：这里指年轻人。③服：从事，担任。④馔：zhuàn，食用，这里做动词。做名词时指食物，常指佳肴。⑤曾：副词，竟的意思。

2.9 子曰："吾与回①言终日，不违，如愚。退而省其私②，亦足以发，回也不愚。"

译文

孔子说："我整天和颜回讲学，他从不提反对意见，像个笨人。等他自己回去再研究时，他也能发挥，这说明颜回其实并不愚蠢。"

①回：颜回，孔子最得意的弟子，字子渊，鲁国人。②省其私：省，反省。私下反省自己的言行。

2.10 子曰:"视其所以①,观其所由②,察③其所安。人焉④廋⑤哉?人焉廋哉?"

译文

孔子说:"要了解一个人,可以观察他为达到某个目的所采用的方法,可以了解他安于什么,不安于什么。那么,这个人怎么隐藏得住呢?这个人怎么隐藏得住呢?"

---

①以:用。所以,用……方法。②所由:所用的方式、方法。③察:考察。④焉:何处。⑤廋:sōu,隐藏。

2.11 子曰:"温故①而知新,可以为师矣。"

译文

孔子说:"温习已经学过的知识,能有新的发现,就可以做老师了。"

---

①故:原来的,这里指已经学得的知识学问。

2.12 子曰:"君子不器①。"

译文

孔子说:"君子不能像器皿一样(用途)有限,应该博学多识。"

①器：器皿，这里指只有一种固定用途的东西，比喻人的才能有限。

2.13 子贡问君子。子曰："先行其言而后从之。"

译文

子贡问怎样做一个君子。孔子说："(君子总是)先把自己要说的话实践了，然后再说出来。"

2.14 子曰："君子周①而不比②，小人比而不周。"

译文

孔子说："君子是团结，而不是结党营私；小人是结党营私，而不是团结。"

①周：团结。②比：bì，勾结，结党营私。

2.15 子曰："学而不思则罔①，思而不学则殆②。"

译文

孔子说："学习知识却不思考，就会迷惑；只是空想却不学习，就会疑惑。"

①罔：同"惘"，迷惑。②殆：疑惑。

2.16 子曰:"攻①乎异端②,斯③害也已④。"

译文

孔子说:"批判不正确的议论,危害也就消除了。"

---

①攻:批判。②异端:在孔子时代还没有诸子百家,所以译为"不正确的议论"较妥。③斯:连词,就的意思。④已:消除。

2.17 子曰:"由①!诲女②知之乎!知之为知之,不知为不知,是知③也。"

译文

孔子说:"子路,教给你对待知或不知的态度吧!知道就是知道,不知道就是不知道,这就是聪明智慧。"

---

①由:孔子学生,仲由,字子路,鲁国人。②诲女:诲,教的意思。女,同"汝",你。③知:智慧。

2.18 子张①学干禄②。子曰:"多闻阙③疑,慎言其余,则寡尤④;多见阙殆⑤,慎行其余,则寡悔。言寡尤,行⑥寡悔,禄在其中矣。"

译文

子张向孔子请教求官职得俸禄的方法。孔子说:"多听,有疑惑的地方先放下,谨慎地说其他有把握的部分,就能减少错误；多看，有疑惑的地方先放下，谨慎地做其他有把握的事情，就能减少后悔。说话错误少，行动后悔少，官职俸禄就在里面了。"

①子张：孔子学生颛（zhuān）孙师，字子张，陈国人。②干禄：干，寻求；禄，古代官吏的俸禄。③阙：同"缺"，空着。④尤：过失、错误。⑤殆：疑惑。⑥行：xíng，名词，行为。

2.19 哀公①问曰："何为则民服？"孔子对曰②："举③直④错⑤诸枉⑥，则民服；举枉错诸直，则民不服。"

译文

鲁哀公问："怎样做才能让老百姓服从呢？"孔子答道："提拔正直的人，放置在邪恶的人之上，那么老百姓就服从了；若是把邪恶的人提拔出来放置在正直的人之上，那么老百姓就不会服从。"

①哀公：鲁国国君，哀是他的谥号。②对曰：在《论语》里臣下对答君主的询问都用"对曰"，所以这里用"孔子对曰"。③举：提拔。④直：这里指正直的人。⑤错：同"措"，放置的意思。⑥枉：曲，这里指邪恶的人。

2.20 季康子①问："使民敬、忠以②劝③，如之何？"子曰："临之以庄，则敬；孝慈，则忠；举善而教不能，则劝。"

译文

季康子问道:"要使老百姓严肃认真、尽心竭力而互相勉励,应该怎么办呢?"孔子说:"你用庄重严肃的态度来对待老百姓,他们对你的政令也会严肃认真了;你孝敬长辈,爱护幼小,他们也就对你尽心竭力了;你推举有德行的人,教化没有能力的人,他们也就会互相勉励了。"

---

①季康子:季孙肥,鲁哀公时正卿,"康"是其谥号。"三桓"之一。②以:连词,而。③劝:勉励的意思。

2.21 或①谓孔子曰:"子奚②不为政?"子曰:"《书》③云:'孝乎惟孝,友于兄弟,施④于有政。'是亦为政,奚其为为政?"

译文

有人问孔子说:"你为什么不参与政治呢?"孔子回答:"《尚书》上说:'孝啊,就是要孝敬父母,友爱兄弟,然后让这种风气影响到政治上去。'这也是参与政治,为什么一定要做官才算从政呢?"

---

①或:代词,有人。②奚:作疑问代词,为什么,怎么。③《书》:这里是指《尚书》。④施:扩大、延续、影响。

2.22 子曰:"人而无信①,不知其可也。大车无輗②,小车无軏③,其何以行之哉?"

23

译文

孔子说:"做人不守信用,不知道那怎么可以。就像大车没有辊,小车没有轫,靠什么来行驶呢?"

---

①人而无信:而,这里是做连词,连接主语和谓语。信,诚信、守信。②辊:ní,古代大车(用牛拉,以载重)上的榫头。③轫:yuè,古代小车(用马拉,以载人)上的榫头。

2.23 子张问:"十世可知也①?"子曰:"殷因②于夏礼,所损益③,可知也;周因于殷礼,所损益,可知也。其或④继周者,虽⑤百世,可知也。"

译文

子张问:"十代以后的事可以知道吗?"孔子说:"殷朝因袭夏代的礼制,其有所增删的可以知道;周代因袭了殷朝的礼制,其有所增删的也可以知道。如果将来有能继承周代礼制者,即使经历一百代,那也是可以知道的啊!"

---

①十世可知也:世,一个时代,有时特指三十年。也:同"耶",表疑问语气。②因:因袭,继承。③损益:减少和增加。④其或:其,恐怕、大概的意思,表推测的语气。或,有的。⑤虽:即使。

2.24 子曰:"非其鬼而祭①之,谄②也。见义不为,无勇也。"

译文

孔子说:"不是你应该祭祀的鬼神,而去祭祀它,这是谄媚。遇见应该要去做的事,而不去做,就是没有勇气。"

---

①祭:祭祀。②谄:谄媚,阿谀。

八佾篇第三

前一篇重点谈"为政以德",本篇重点谈"为政以礼"。关于礼,孔子谈到天子之礼、诸侯之礼、庶人之礼、祭祀之礼、谦让之礼、君臣之礼以及仁内礼外、礼之源流考证乃至于管仲之无礼。开篇孔子对季孙氏用八佾舞于庭院的做法,鲁国当政三家祭祖"违礼",表现出极大的愤慨。其次,孔子谈到了礼与乐的关系,礼与乐都是外在的表现,而仁则是人们内心的道德情感和要求,孔子认为没有仁德的人,根本谈不上礼、乐的问题。接着,孔子谈到礼之俭奢以及礼之内外的关系,提出了"绘事后素"的命题,他外表的礼节仪式同内心的情操应是统一的,表达了他的伦理思想以及"君使臣以礼,臣事君以忠"的政治道德主张。最后,孔子提出礼是人类社会行为规范的总和,号召人们应学礼,遵礼并循礼而行。

3.1 孔子谓季氏:"八佾①舞于庭,是可忍也,孰②不可忍也?"

译文

孔子谈到季氏时说:"季氏在自己的庭院中使用天子才能用的八佾舞,这样的事情都能容忍,那还有什么事不能容忍呢?"

---

①八佾:佾,yì,舞列,纵横都是八人,古代天子用的一种乐舞。季平子是大夫,用八佾祭宗庙,为越礼行为。②孰:疑问代词,什么。

3.2 三家①者以《雍》②彻③。子曰:"'相维辟公④,天子穆穆⑤',奚取于三家之堂?"

译文

仲孙、叔孙、季孙三家,在祭祀祖先完毕后撤除祭品时唱着《雍》。孔子说:"《雍》诗上说'助祭的是诸侯,天子庄重肃穆地主祭。'这两句话用在三家祭祀的庙堂上在意义上取哪一点呢?"

---

①三家:鲁国当政的三卿,即仲孙、叔孙、季孙,他们都是鲁桓公的后代,又称"三桓"。②《雍》:《诗经·周颂》中的诗篇,天子祭祀完毕后撤祭品时唱的诗。③彻:同"撤",撤除的意思。④相维辟公:相,xiàng,助祭的人。维,语气词,无实在意义。辟公,指诸侯,天子大祭时,由诸侯担任助祭的人。⑤穆穆:庄重肃穆。

3.3 子曰:"人而不仁,如礼何?人而不仁,如乐何?"

译文

孔子说:"做人没有仁德,他怎样来对待礼制呢?做人没有仁德,又怎样来对待音乐呢?"

3.4 林放①问礼之本。子曰:"大哉问②!礼,与其奢也,宁俭;丧,与其易③也,宁戚④。"

译文

林放问礼的本质。孔子说:"你的问题意义重大啊!就一般礼仪而言,与其奢侈,还不如节俭;就丧葬的礼仪来说,与其在仪式上办得周到,不如内心真正悲伤。"

---

①林放:鲁国人,有人说是孔子学生,具体不详。②大哉问:感叹句,意思是你的问题意义重大啊!③易:治理,这里指把丧葬的礼节办得周到。④戚:心里悲伤的意思。

3.5 子曰:"夷狄①之有君,不如诸夏②之亡③也。"

译文

孔子说:"夷狄虽然有君主(却没有礼仪),也不如中国没有君主(却保持着礼仪)。"

---

①夷狄:古代中原地区的人对少数名族的贬称。②诸夏:古代汉族的自称。③亡:同"无",wú。

3.6 季氏旅①于泰山。子谓冉有②曰:"女③弗能救与?"对曰:"不能。"子曰:"呜呼!曾④谓泰山不如林放乎?"

译文
季氏要去祭祀泰山。孔子对冉有说:"你不能阻止他吗?"冉有说:"不能。"孔子说道:"唉!难道说泰山之神还不及林放知礼吗?"

---

①旅:祭名。祭祀名山大川的专称,在古代只有天子和诸侯才能去祭祀名山大川。②冉有:孔子学生冉求,字子有,他当时在季氏门下做事。③女:同"汝",你。④曾:副词,竟、难道。

3.7 子曰:"君子无所争。必也射①乎!揖让②而升③,下而饮,其争也君子。"

译文
孔子说:"君子没有什么与别人要争的事情。要是有,也一定是比箭吧!相互作揖然后上场,比试完后下来作揖再一起饮酒,这种争就是君子的争。"

---

①射:射箭,这里指古代的射礼。②揖让:拱手作揖,表尊敬。③升:升堂,古时射礼在堂上举行。

3.8 子夏问曰:"'巧笑倩①兮,美目盼②兮,素以为绚③兮。'何谓也?"子曰:"绘事后素④。"曰:"礼后乎?"子曰:"起予者商也⑤,始可以言《诗》已矣。"

译文

子夏问:"'笑得真美啊,美丽的眼睛黑白分明啊,用洁白的质地画着美丽的花纹。'这几句话是什么意思呢?"孔子说:"绘画是先画了色彩,然后再加素色。"子夏又问:"礼也是产生于仁义之后吗?"孔子说道:"子夏,你是启发我的人,我现在可以与你谈《诗经》了。"

①倩:美丽。②盼:眼睛黑白分明。③绚:有文采,绚丽多彩。④绘事后素:绘,画。素,白色。后比喻有良好的质地,才能进行锦上添花的加工。⑤起予者商也:起,启发。予,我,指孔子。商,子夏,名商。整句话意思是说,启发我思想的人是子夏呀!

3.9 子曰:"夏礼,吾能言之,杞①不足征也;殷礼,吾能言之,宋②不足征也。文献③不足故也。足,则吾能征之矣。"

译文

孔子说:"夏代的礼我能讲述,它的后代杞国不足以作证。殷商的礼我能讲述,他的后代宋国不足以作证。这是历史典籍和贤人不多的原因。如果有很多资料和贤能的人,那么我就可以引以为证了。"

①杞：国名，现在河南省杞县一带。杞国的君主是夏禹的后代。②宋：国名，现在河南省商丘市南部一带。宋国的君主是商汤的后代。③文献：文，指历史典籍。献，贤也，这里指贤能之人，熟悉历史典籍的人。

3.10 子曰："禘①自既②灌③而往者，吾不欲观之矣。"

译文

孔子说："对于行禘祭的仪式，在第一次献酒以后，我就不想看下去了。"

①禘：古代帝王或诸侯在始祖庙里对祖先的一种盛大祭祀。②既：已经。③灌：古代祭祀的一种仪式，斟酒浇地降神。

3.11 或①问禘之说②。子曰："不知也；知其说者之于天下也，其如示③诸斯乎！"指其掌。

译文

有人向孔子请教禘祭的道理问题。孔子说："我不知道，知道这种道理的人治理天下，就像放置东西一样容易了！"孔子一边说，一边指着自己的手掌。

①或：有人。②说：道理，名词。③示：假借字，同"置"，摆、放的意思。

3.12 祭如在,祭神如神在。子曰:"吾不与①祭,如不祭。"

译文
祭祀祖先时,就像有祖先在;祭祀神灵时,就像有神灵在。孔子说:"我如果不能亲自参与祭祀,也不请别人代我祭祀。"

---

①与:yù,参与的意思。

3.13 王孙贾①问曰:"与其媚于奥,宁媚于灶②,何谓也?"子曰:"不然,获罪于天,无所祷也。"

译文
王孙贾问道:"与其巴结屋子西南角的奥神,还不如巴结灶神。这话是什么意思呢?"孔子说:"不对,若是得罪了老天爷,祷告也没用了。"

---

①王孙贾:卫灵公的大臣。②与其媚于奥,宁媚于灶:奥,室内的西南角,泛指房屋及其他深处隐蔽的地方。灶,做饭的设备。古代人认为这两个地方都有神,所以要祭它。

3.14 子曰:"周监于二代①,郁郁乎文哉②!吾从周。"

译文

孔子说:"周朝的礼仪制度是以夏商两朝的礼仪制度为依据的,内容丰富,有文采!我遵从周朝的礼仪制度。"

---

①周监于二代:监同"鉴",借鉴、参考。二代,指夏、商两代。②郁郁乎文哉:郁郁,丰富、繁盛。文,文采。

3.15 子入太庙①,每事问。或曰:"孰谓鄹人②之子知礼乎?入太庙,每事问。"子闻之,曰:"是礼也。"

译文

孔子到了太庙,每件事情都发问。有人说:"谁说叔梁纥的儿子懂得礼呢?进了太庙,每件事情都要问。"孔子听到这句话后,说:"这就是礼呀。"

---

①太庙:古代开国始祖的宗庙,周公旦是鲁国的始祖,所以这里的太庙就是周公的庙。②鄹人:鄹,zōu,地名。这里指孔子的父亲叔梁纥。由于孔子的父亲曾做过这个地方的大夫,所以这么称呼他。

3.16 子曰:"射不主皮①,为②力不同科③,古之道④也。"

译文

孔子说:"射箭不一定要射穿箭靶,因为每个人的力气大小不一样，这是古人定下的规矩。"

---

①皮：箭靶子。②为：因为。③科：程度、等级。④道：规矩。

3.17 子贡欲去告朔①之饩羊②。子曰："赐也！尔爱③其羊，我爱其礼。"

译文

子贡想免掉每月初一向太祖庙告祭所用的活羊，孔子说："赐呀！你可惜的是羊，我爱惜的是这种礼仪。"

---

①告朔：告，gù。周制，天子于每年冬季把第二年的历书颁发给诸侯，告知每月的初一日。诸侯接受后藏于祖庙。每逢初一，便杀一只羊祭于庙，并向百姓颁告。这种祭庙叫"告朔"。②饩羊：饩，xì，古代用为祭品的羊。③爱：可惜，吝啬。

3.18 子曰："事君尽礼，人以为谄也。"

译文

孔子说："侍奉君主，要尽到做臣子的礼数，别人却认为他在谄媚。"

3.19 定公①问："君使臣，臣事君，如之何？"孔子对曰："君使臣以礼，臣事君以忠。"

译文

鲁定公问:"君主使用臣子,臣子侍奉君主,各自应该怎样去做呢?"孔子回答道:"君主应该用礼仪来使用臣子,臣子应该忠心地侍奉君主。"

---

①定公:鲁君,名宋,"定"是谥号。

3.20 子曰:"《关雎》①,乐而不淫②,哀而不伤。"

译文

孔子说:"《关雎》这首诗快乐但不放荡,悲伤而不痛苦。"

---

①《关雎》:《诗经》的第一篇。②淫:放纵、放荡的意思。

3.21 哀公问社①于宰我②。宰我对曰:"夏后③氏以松,殷人以柏,周人以栗,曰,使民战栗。"子闻之,曰:"成事不说④,遂⑤事不谏,既往不咎⑥。"

译文

鲁哀公问宰我,做土神的牌位应该用什么木料来做。宰我回答说:"夏朝君主用松木,殷商用柏木,周朝用栗木,意思是让老百姓害怕发抖。"孔子听到这话后,说:"已经做完的事情不用再解释了,正在做的事情不用再劝谏了,已经过去的事情也不用再追究了。"

①社：土地神，这里指祭祀土地神时所立的木质牌位。②宰我：孔子的学生，字子我。③后：这里指君主。④说：解释，说明。⑤遂：顺，如意。⑥咎：这里做动词，追究、责备的意思。

3.22 子曰："管仲之器小哉！"

或曰："管仲俭乎？"曰："管氏有三归①，官事不摄②。焉得俭？"

"然则管仲知礼乎？"曰："邦君树塞门③，管氏亦树塞门。邦君为两君之好④，有反坫⑤，管氏亦有反坫。管氏而⑥知礼，孰不知礼？"

译文

孔子说："管仲的器量很小呀！"有人说："管仲是不是很节俭呢？"孔子道："管仲收取了很多市租，他手下的人从不兼任。这怎么说是节俭呢？""那么管仲懂礼吗？"孔子又说："国君在宫殿门前设置了屏风，管仲也在家里设了屏风。国君设宴招待外国君主，在堂上放上了放酒杯的设备，管仲也有这种设备。假如说管仲都懂得礼，那谁不懂得礼呢？"

①归：市租。②摄：兼任。③树塞门：树，动词，建立。塞门，屏、影壁。④好：hào，友好。⑤坫：diàn，古代屋中的土台子，上面可放饮食用具。⑥而：假如，如果。

3.23 子语①鲁大师②乐，曰："乐其可知③也：始作，翕④如也；从⑤之，纯⑥如也，皦⑦如也，绎⑧如也，以⑨成。"

译文

孔子把奏乐的道理告诉鲁国的太师，说："音乐是可以明了的：开始演奏时，乐声和谐；继续下去，音律纯正，节奏清晰，余音绕梁，这样便完成了。"

---

①语：yù，告诉。②大师：大，tài，同"太"。大师，即"太师"，乐官名，是国家主管音乐的官。③知：晓得、明了。④翕：xī，和、和顺。⑤从：zòng，同"纵"，展开。⑥纯：纯正。⑦皦：jiǎo，清晰。⑧绎：这里指演奏声余音绕梁。⑨以：就，表示结果。

3.24 仪封人①请见②，曰："君子之至于斯也，吾未尝不得见也。"从者③见之。出曰："二三子何患于丧④乎？天下无道也久矣，天将以夫子为木铎⑤。"

译文

仪这个地方的官员请求孔子接见他，说道："凡是有德行的人到这里，我从来没有不和他见面的。"孔子的随从学生带这个官员去见孔子。他出来后说："你们为什么担心没有官位呢？天下人无道已经很久了，老天将会让孔子出来教化人民。"

①仪封人：仪，地名。封，官名。②请见：请求接见。③从者：从，zòng。孔子的随从学生。④丧：sàng，丢掉官位。⑤木铎：铎，duó。木舌的铜铃。古代宣布政教法令时，巡行振鸣以召集众人。

3.25 子谓《韶》①："尽美矣，又尽善②也。"谓《武》③："尽美矣，未尽善也。"

译文

孔子评价《韶》，说："极其美，极其完善。"评价《武》说："很美，但不完善。"

①《韶》：舜时乐曲名。②尽善：尽，极。善，好、完善。③《武》：周武王时的乐曲名。

3.26 子曰："居上不宽，为礼不敬，临丧不哀。吾何以观之哉？"

译文

孔子说："处于高位的人不宽厚，行礼时不庄重肃穆，参加丧礼时不哀痛，这种情形我怎么能看得下去呢？"

里仁篇第四

仁是儒家思想的精神内核。里仁，即在有仁义道德的地方居住，孔子强调"里仁为美"，即倡导我们要以仁作为自己的道德标准和精神追求。本篇二十五个"子曰"，一口气到底，最后以子游的话为结，可以说，该篇是完整的以"仁"为主题的孔子语录。从本篇的章节看，编录显然不是随意的录取，而是有选择的编排。孔门所重之仁、义、礼、智、信，最难言者乃仁，而最为重要者亦在仁。本篇从"体""用"两方面阐述了仁的道德本质及其在现实中的表现与具体要求。在人际交往中，只要能做到"仁"，便能够"与人和同"，便拥有和谐的人际关系。

4.1 子曰："里①仁为美。择不处②仁，焉得知③？"

译文

孔子说："居住在有仁德的地方是美好的。如果选择居住的地方没有仁德，怎么能算是聪明、智慧呢？"

---

①里：邻里。周制，五家为邻，五邻（二十五家）为里。这里作动词，居住的意思。②处：居住。③知：同"智"，聪明、智慧的意思。

4.2 子曰:"不仁者,不可以久处约①,不可以长处乐。仁者安仁,知者利仁②。"

译文

孔子说:"没有仁德的人不能长久地处在贫困中,也不能长久地处在安乐中。有仁德的人安心实行仁,聪明的人是知道仁有利后而用仁。"

---

①约:贫困。②利仁:认为仁有利而用仁。

4.3 子曰:"唯仁者能好①人,能恶②人。"

译文

孔子说:"只有有仁德的人才能公正地做到喜爱某人,讨厌某人。"

---

①好:喜欢。②恶:wù,讨厌。

4.4 子曰:"苟志①于仁矣,无恶②也。"

译文

孔子说:"如果立定志向实行仁德,总是没有坏处的。"

---

①苟志:苟,如果、假使。志,这里作动词,立定志向的意思。②恶:坏处。

4.5 子曰:"富与贵,是①人之所欲也;不以其道②得之,不处也。贫与贱,是人之所恶也;不以其道得之,不去③也。君子去仁,恶乎④成名?君子无终食⑤之间违⑥仁,造次⑦必于是⑧,颠沛⑨必于是。"

译文

孔子说:"富裕和高贵都是人们所向往的,如果不用正当的方法或途径得到它,君子是不会接受的。贫困和地位低下是人们都讨厌的,如果不用正当的方法去解决它,君子是不会摆脱的。君子丢弃了仁德,又怎样去成就他的名声呢?君子在吃饭的时间从未离开过仁德,仓猝的时候必定与仁德同在,就是在受磨难、挫折的时候也必定与仁德同在。"

---

①是:这,指示代词。②道:方法、途径。③不去:去,离开的意思。"不去"就是不脱离、不摆脱。④恶乎:恶,wū。即"在何处",意译为"怎样"。⑤终食:吃完一顿饭。⑥违:离开。⑦造次:慌忙、仓猝。⑧于是:这里是指与仁同在。⑨颠沛:受磨难、挫折。

4.6 子曰:"我未见好仁者,恶不仁者。好仁者,无以尚①之;恶不仁者,其为仁矣,不使不仁者加乎其身②。有能一日用其力于仁矣乎?我未见力不足者。盖③有之矣,我未之见④也。"

译文

孔子说:"我从没见过爱好仁德的人和厌恶不仁德的人。爱好仁德的人，是无法超过他的；厌恶不仁德的人，他实行仁德，不会使不仁德的东西加在他的身上。有人能在一天将自己的力量都用于实行仁德吗？我从来没见过力量不够的。大概这样的人有，我不曾见到吧。"

---

①尚：这里作动词，超过的意思。②加乎其身：乎，于、在的意思。加在他的身上。③盖：副词，大概的意思。④未之见：宾语前置，即"未见之"。

4.7 子曰："人之过也，各于其党①。观过②，斯③知仁④矣！"

译文

孔子说："人的过错，与人的社会类别有关。通过观察一个人所犯的过错，就能知道这个人是什么样的人了。"

---

①党：类别。②过：过失、过错。③斯：就，副词。④仁：同"人"。

4.8 子曰："朝闻道，夕死可矣。"

译文

孔子说："早上听到道，晚上死去都可以。"

4.9 子曰："士志于道，而耻①恶衣恶食者，未足与议也。"

译文

孔子说:"读书人立志追求道,但以吃粗食、穿破衣服为耻辱,这种人是不值得同他谈道的。"

---

①耻:这里是动词的意动用法,"以……为耻"的意思。

4.10 子曰:"君子之于天下也,无适也,无莫也,义之与比①。"

译文

孔子说:"君子对于天下的事情,没有一定要这么做,也没有一定不要怎么做,只要合乎义就可以了。"

---

①比:bì,挨着、靠近。

4.11 子曰:"君子怀①德,小人怀土②;君子怀刑③,小人怀惠④。"

译文

孔子说:"君子关心道德,小人关心土地。君子关心法度,小人关心利益。"

---

①怀:本义是怀念、思念。这里做"关心""关注"讲。②土:土地、乡土。③刑:法度、法制。④惠:恩惠、利益。

4.12 子曰:"放①于利而行,多怨。"

译文

孔子说:"依照个人利益行事,就会招致很多怨恨。"

---

①放:同"仿",依照。

4.13 子曰:"能以礼让①为国乎?何有②?不能以礼让为国,如礼何?"

译文

孔子说:"能够用礼让来治理国家吗?这有什么困难?如果不能用礼让来治理国家,那么对礼又怎么办呢?"

---

①礼让:礼仪和谦让。②何有:有什么困难。

4.14 子曰:"不患无位,患所以立①。不患莫己知②,求为可知也。"

译文

孔子说:"不要担心没有职位,担心用什么才能来立身。不要担心别人不了解自己,去追求让别人知道自己的本领就好了。"

---

①所以立:所以,用什么办法。立,立身。所以立,指立于其位的才能。②莫己知:宾语前置,即"莫知己"。

4.15 子曰:"参乎!吾道一以贯①之。"曾子曰:"唯②。"子出,门人问曰:"何谓也?"曾子曰:"夫子之道,忠恕③而已矣。"

译文

孔子说:"曾参呀!我的学说贯穿着一个基本思想。"曾子答道:"是。"孔子离开后,其他的学生问曾参:"这是什么意思呢?"曾参说:"老师的学问就是忠和恕罢了。"

---

①贯:贯穿。②唯:是、行,表示答应。③恕:宽恕。

4.16 子曰:"君子喻①于义②,小人喻于利。"

译文

孔子说:"君子通晓的是仁义,小人通晓的是利益。"

---

①喻:明白、通晓。②义:仁义。

4.17 子曰:"见贤思齐焉,见不贤而内自省也。"

译文

孔子说:"看到贤德的人要向他看齐,看到不贤德的人要在内心反省自己,看自己有没有与他相同的毛病。"

4.18 子曰:"事父母几①谏②,见志不从,又敬③不违④,劳⑤而不怨。"

译文

孔子说:"侍奉父母要婉转劝谏,若父母不随顺自己的心愿,仍然要尊敬他们不要抵触,忧愁但不要怨恨。"

①几:jī,轻微、婉转。②谏:劝谏。③敬:尊敬。④违:反,抵触。⑤劳:忧愁。

4.19 子曰:"父母在,不远游,游必有方。"

译文

孔子说:"父母在世的时候,不要出远门,即使出远门也要有一定的去处。"

4.20 子曰:"三年无改于父之道,可谓孝矣。"

译文

孔子说:"长时间不改变父亲善的、好的处世原则,就可以称得上是孝了。"

4.21 子曰:"父母之年,不可不知也。一则以喜,一则以惧。"

译文

孔子说:"父母的年龄不可以不记在心里,一是因父母的年寿而喜悦,二是因父母的年寿高而担忧。"

4.22 子曰:"古者言之不出,耻①躬之不逮②也。"

译文

孔子说:"古时候的人说话不轻易出口,他们以自己的行动赶不上自己所说的话为耻辱。"

---

①耻:动词的意动用法,以……为耻。②逮:dài,及、赶上。

4.23 子曰:"以①约②失之者鲜③矣。"

译文

孔子说:"因为约束自己而犯过失的人是很少见的。"

---

①以:因为。②约:约束、限制。③鲜:xiǎn,少的意思。

4.24 子曰:"君子欲讷①于言而敏②于行。"

译文

孔子说:"君子说话要谨慎、缓慢,行动要迅速、敏捷。"

①讷：nè，语言迟钝。②敏：迅速、灵活。

4.25 子曰："德不孤，必有邻。"

译文

孔子说："有德行的人不会孤单，一定会有志同道合的人来和他做伴。"

4.26 子游①曰："事君数②，斯辱矣；朋友数，斯疏矣。"

译文

子游说："侍奉君主太繁琐，就会招到侮辱。对待朋友太繁琐，就会被疏远。"

①子游：孔子的学生。②数：shuò，屡次、很多次。

公冶长篇第五

　　本篇以谈仁德为主，涉及"仁"之义、"仁"之用等内容。尤其是孔门师徒言志抒怀的内容，更是本篇的重点。开篇孔子就对公冶长做了较高评价，接着谈到善于保护自己的南容，赞扬子贡的高雅，婉惜其专才而有余，通才而不足。同时记载了子贡的善推导能自知，以及对恕道的研究。对子路耿直豪爽、闻道即行、善于治兵才能的肯定；批评其好勇，勇而无谋的不足。其他如宓子贱的君子之行，冉雍的仁而不佞，宰我的懒惰，申枨的无欲，冉求的邑宰之才，公西赤的应对之能，颜回的闻一以知十，漆雕开的清风亮节，皆在品述之中。除此之外，文中对孔门弟子以外有关人物进行了述评。反面如臧文仲的僭礼，正面有子文的忠诚，陈文子的清雅，伯夷叔齐的清高，宁武子的愚直，子产的君子之道，晏子的善与人交，他们是贤人，是君子，但他们都达不到"仁"德的标准。诸如季文子的"再思"之谏，对狂简小子的思念之情，微生高的以曲为直，以及左丘明巧言令色足恭之耻，君子内讼改过之德，均需读者反复咀嚼品味。

5.1 子谓公冶长①,"可妻②也。虽在缧绁③之中,非其罪也。"以其子④妻之。

译文

孔子说公冶长,"可以把女儿嫁给他。他虽然曾坐过牢,但不是他的罪过。"于是把自己的女儿嫁给了他。

---

①公冶长:孔子学生,齐国人。②妻:qì,这里做动词,嫁的意思。③缧绁:缧,léi;绁,xiè,捆缚罪犯的绳子,这里指监狱。④子:儿子和女儿,这里指女儿。

5.2 子谓南容①,"邦有道,不废②;邦无道,免于刑戮③。"以其兄之子妻之。

译文

孔子说南容,"国家政治清明时不被废弃,国家政治黑暗时不遭刑法。"于是把自己的侄女嫁给了他。

---

①南容:孔子的学生南宫适(kuò,用于人名),字子容。②废:废弃、废置。③刑戮:刑罚。

5.3 子谓子贱①,"君子哉若人!鲁无君子者,斯焉取斯②?"

译文

孔子说子贱,"像这样的人才是君子呀!如果鲁国没有君子的话,他是从哪里学到这种品德的呢?"

---

①子贱:孔子学生宓不齐,字子贱。②斯焉取斯:前一个"斯",是指示代词,代指子贱这个人。焉,哪里的意思。后一个"斯",代指君子的品德。

5.4 子贡问曰:"赐也何如?"子曰:"女,器也。"曰:"何器也?"曰:"瑚琏①也。"

译文

子贡问孔子:"我是一个什么样的人呢?"孔子说:"你是器皿。"子贡说:"什么样的器皿?"孔子说:"宗庙里祭祀时存粮食的器皿。"

---

①瑚琏:hú liǎn,宗庙中非常珍贵的祭器,祭祀时用以存粮食。

5.5 或①曰:"雍②也仁而不佞③。"子曰:"焉用佞?御人以口给④,屡憎于人。不知其仁,焉用佞?"

译文

有人说:"冉雍有仁德但不善辩。"孔子说:"善辩有什么用呢?用善辩来抵御别人,常常会被人厌恶。我不知道他有没有仁德,要善辩有什么用呢?"

①或：有人。②雍：孔子学生冉雍，字仲公。③佞：nìng，善辩、巧言谄媚。④御人以口给：御，抵御；给，充足。

5.6 子使漆雕开①仕②。对曰："吾斯之未能信③。"子说④。

译文

孔子让漆雕开去做官。漆雕开说："我对做官这件事没有信心。"孔子听后很高兴。

①漆雕开：孔子的学生，姓漆雕，名开，字子开，鲁国人。②仕：做官。③信：信心。④说：同"悦"，高兴的意思。

5.7 子曰："道不行，乘桴①浮于海。从②我者，其由与？"子路闻之喜。子曰："由也好勇过我，无所取材③。"

译文

孔子说："我的主张如果行不通，我将坐小竹筏到海上漂流，跟随我的人，大概只有子路了吧？"子路听后非常高兴。孔子说："子路比我勇敢，除了这之外就没有什么可取的。"

①桴：fú，小竹筏或小木筏。②从：跟随。③材：原指木料，这里指能力、资质。

5.8 孟武伯问:"子路仁乎?"子曰:"不知①也。"又问。子曰:"由也,千乘之国②,可使治其赋③也,不知其仁也。"

"求也何如?"子曰:"求也,千室之邑④,百乘之家,可使为之宰⑤也,不知其仁也。"

"赤⑥也何如?"子曰:"赤也,束带立于朝,可使与宾客言也,不知其仁也。"

译文

孟武伯问孔子:"子路有没有仁德?"孔子说:"不知道。"孟武伯又问。孔子说:"子路呢,有一千辆兵车的国家,可以让他管理兵役和军政的工作。他有没有仁德,我不知道。"

"冉求怎么样呢?"孔子说:"冉求呢,有一千户人家的都城,可以让他做县长,有百辆兵车的封地,可以让他做总管。他有没有仁德,我不知道。"

"公西赤又怎么样呢?"孔子说:"赤呢,穿着礼服立于朝廷上,可以让他接待宾客。他有没有仁德,我不知道。"

---

①知:知道。②千乘之国:有一千辆兵车的国家。③赋:原指田地税,这里指军费及军政工作。④邑:城市、都城。⑤宰:古代一县的地方官叫宰,也就是县长。⑥赤:孔子学生,姓公西,名赤,字子华,鲁国人。

5.9 子谓子贡曰:"女①与回也,孰愈②?"对曰:"赐也何敢望回?回也闻一以知十,赐也闻一以知二。"子曰:"弗如也;吾与③女弗如也。"

译文

孔子对子贡说:"你与颜回谁更强?"子贡回答说:"我哪敢跟颜回比?颜回听到一件事情,就能知道十件事;我听到一件事,只能知道两件事。"孔子说:"不如颜回呀,我同意你的看法,你是不如他。"

---

①女:同"汝",你。②愈:胜、强。③与:这里做动词,同意、赞同的意思。

5.10 宰予昼寝。子曰:"朽木不可雕也,粪土之墙不可杇①也;于予与何诛②?"子曰:"始吾于人也,听其言而信其行;今吾于人也,听其言而观其行。于予与改是。"

译文

宰予白天睡觉。孔子说:"腐烂的木头不可以雕琢,粪土一样的墙壁不可以粉刷;对于宰予我责备他什么呢?"孔子又说:"最初我对他人,是听他说的话就相信他的行为;现在,我对他人,是听他说的话,还要观察他的行为。因为宰予而改变了我看人的方式。"

---

①杇:wū,抹子、涂墙的工具。这里是粉刷、涂抹的意思。②于予与何诛:于,对于。与,同"欤",语气词,在这里表停顿。诛,责备的意思。

5.11 子曰:"吾未见刚者。"或对曰:"申枨①。"子曰:"枨也欲,焉得刚?"

译文

孔子说:"我从来没有见过刚强的人。"有人回答说:"申枨就是这样的人。"孔子说:"申枨也有很多欲望,哪里能说是刚强呢?"

---

①申枨:枨,chéng。即申党,孔子的学生,鲁国人。

5.12 子贡曰:"我不欲人之加①诸我也,吾亦欲无加诸人。"子曰:"赐也,非尔所及②也。"

译文

子贡说:"我不想别人欺辱我,我也不想欺辱别人。"孔子说:"子贡呀,这不是你所能办到的。"

---

①加:这里作动词,凌驾、欺辱的意思。②及:达到。

5.13 子贡曰:"夫子之文章①,可得而闻也;夫子之言性与天道,不可得而闻也。"

译文

子贡说:"夫子的学问,我们能够听到;但夫子关于人性和天道方面的学问,我们却没有机会听到。"

①文章：指孔子传授的学问。

5.14 子路有闻，未之能行，唯恐有①闻。

译文

子路从孔子那里听到一个道理，还没有实践时，惟恐又听到又一个道理。

①有：同"又"。

5.15 子贡问曰："孔文子①何以谓之'文'也？"子曰："敏而好学，不耻②下问，是以谓之'文'也。"

译文

子贡说："孔文子的谥号为什么称'文'呢？"孔子说："聪明，喜欢读书思考，不把向不如自己的人请教为耻，所以用'文'来做他的谥号。"

①孔文子：卫国大夫，名圉（yǔ），"文"是他的谥号。②耻：动词的意动用法，以……为耻辱。

5.16 子谓子产①，"有君子之道四焉：其行己也恭，其事上也敬，其养民也惠，其使民也义。"

译文

孔子评价子产,"他有四种行为合乎君子之道:他自己的行为庄严恭敬,侍奉君主不怠慢,教养百姓有恩惠,役使百姓合乎道义。"

---

①子产:姓公孙,名侨,字子产,郑穆公之孙。春秋时期郑国人,著名的政治家和思想家,他是第一个将刑法公布于众的人。

5.17 子曰:"晏平仲①善与人交,久而敬之。"

译文

孔子说:"晏平仲善于和别人交朋友,相交久了,别人对他都很恭敬。"

---

①晏平仲:齐国的大夫,姓晏,名婴,字平仲。

5.18 子曰:"臧文仲①居蔡②,山节藻棁,何如其知③也?"

译文

孔子说:"臧文仲藏了一只大龟,藏龟的房屋上雕刻着像山一样的斗栱,梁上短柱上画着藻草的花纹,这个人怎么能算聪明呢?"

---

①臧文仲:鲁国的大夫臧孙辰。②蔡:古人把大乌龟称为"蔡"。③知:通"智",聪明。

5.19 子张问曰:"令尹①子文三仕②为令尹,无喜色;三已之,无愠③色。旧令尹之政,必以告新令尹。何如?"子曰:"忠矣。"曰:"仁矣乎?"曰:"未知;——焉得仁?"

"崔子弑④齐君,陈文子⑤有马十乘⑥,弃而违之⑦。至于他邦,则曰:'犹吾大夫崔子也。'违之。之一邦,则又曰:'犹吾大夫崔子也。'违之。何如?"子曰:"清矣。"曰:"仁矣乎?"曰:"未知;——焉得仁?"

译文

子张问:"楚国的令尹子文三次做令尹的官,没有高兴的神色;三次罢免,也没有恼怒的神色。离任的令尹一定会把自己的一切政令告诉新上任的令尹。怎么样呢?"孔子说:"忠心啊。"子张问:"算是仁吗?"孔子说:"不知道;——这怎么能说是仁呢?"

子张又问:"崔子杀了齐庄王,陈文子有四十匹马,舍弃它们而离开齐国。到了一个国家,则说:'这里的国君跟我们的大夫崔子差不多。'他离开。陈文子又到了一个国家,又说:'这里的国君跟我们的大夫崔子差不多。'文子又离开。这个人怎么样?"孔子说:"清白呀。"子张说:"算是仁吗?"孔子道:"不知道;——这怎么能说是仁呢?"

---

①令尹:楚国的宰相叫"令尹"。②三仕:三次做官。③愠:yùn,怒,怨恨。④弑:古代臣杀君,子杀父。⑤陈文子:齐国的大夫,名须无。⑥有马十乘:有四十匹马,古代四匹马驾一辆车。乘,四匹马。⑦弃而违之:丢掉马而离开齐国。违,背离。

5.20 季文子①三思②而后行。子闻之，曰："再③，斯可矣。"

译文

季文子做事情经过多次思考后才会行动。孔子听说这件事后，说："思考两次就可以了。"

---

①季文子：即季孙行父，春秋时期鲁国的正卿。季文子曾辅佐过宣公、成公、襄公三代鲁国国君。②三思：这里的"三"不是三次，而是泛指多次。③再：两次。

5.21 子曰："宁武子①，邦有道，则知；邦无道，则愚②。其知可及也，其愚不可及也。"

译文

孔子说："宁武子这人，国家太平时，就显得聪明；国家混乱时，就装作愚笨。他的聪明可以赶得上，他的愚笨别人赶不上。"

---

①宁武子：春秋卫大夫宁俞，谥"武子"。②愚：这里做动词，装作愚笨。

5.22 子在陈，曰："归与！归与！吾党①之小子②狂简③，斐然成章，不知所以④裁⑤之。"

译文

孔子在陈国，说："回去吧！回去吧！我家乡的学生志向远大，文采斐然，不知道用什么方法能指导他们成材。"

---

①党：乡党。②小子：年轻人、晚辈。③狂简：狂，志向大。简，行为粗略。④所以：用……方法。⑤裁：本是剪裁的意思，这里做指导解。

5.23 子曰："伯夷、叔齐①不念旧恶②，怨是用希③。"

译文

孔子说："伯夷、叔齐不记过去的仇恨，所以别人对他们的怨恨就少了。"

---

①伯夷、叔齐：伯夷、叔齐是商末孤竹君的两个儿子。相传孤竹君要立次子叔齐为继承人。孤竹君死后，叔齐让位给伯夷，伯夷不接受，叔齐也不愿登位，先后都逃到周国。周朝统一天下后，他们以吃周朝的食物为耻，后来就饿死在首阳山。②恶：仇恨。③希：同"稀"，稀少的意思。

5.24 子曰："孰谓微生高①直？或乞醯②焉，乞诸其邻而与之。"

译文

孔子说："谁说微生高直爽呀？有人向他讨些醋，他不直说没有，而向邻人讨来转给他。"

---

①微生高：姓微生，名高，春秋时鲁国人。②醯：xī，醋。

5.25 子曰:"巧言、令色、足①恭,左丘明②耻之,丘亦耻之。匿③怨而友其人,左丘明耻之,丘亦耻之。"

译文

孔子说:"花言巧语、伪善的面貌、过分的恭敬,左丘明认为这样的态度可耻,我也认为可耻。内心藏着怨恨,表面上却对人友好,左丘明认为这样的行为可耻,我也认为可耻。"

①足:zù,过分。②左丘明:鲁国人,姓丘名明,因其父任左史官,故称左丘明。曾任鲁太史,与孔子同时或略早于孔子,相传曾著有《左传》。③匿:nì,隐藏。

5.26 颜渊季路侍①。子曰:"盍②各言尔志?"
子路曰:"愿车马衣轻裘与朋友共,敝之而无憾③。"
颜渊曰:"愿无伐善,无施④劳。"
子路曰:"愿闻子之志。"
子曰:"老者安之,朋友信之,少者怀之⑤。"

译文

孔子坐着,颜渊、季路站在孔子身边。孔子说:"何不说说各人的志向?"

子路说:"愿意把我的车马衣服同朋友一起使用,坏了也不怨恨。"

颜渊说:"愿意不夸耀自己的优点,也不炫耀自己的功劳。"

子路说:"愿意听老师的志向。"

孔子说:"让年老的人安心,让朋友信任我,让年轻人怀念我。"

---

①侍:《论语》里有侍侧、侍坐两个词,单用"侍"字,表示孔子坐着,弟子站着。②盍:何不。③憾:不满、怨恨。④施:表白、炫耀。⑤怀之:怀,动词的使动用法,使……怀念。

5.27 子曰:"已矣乎,吾未见能见其过而内自讼者也。"

译文

孔子说:"算了吧,我从没看见一个能看到自己的过失而在内心责备自己的人。"

5.28 子曰:"十室之邑,必有忠信如丘者焉,不如丘之好学也。"

译文

孔子说:"有十户人家的地方,必定有像我一样忠心守信的人,只不过没有我好学罢了。"

雍也篇第六

"雍也"篇通过对人物的评论涉及为官之道,提出治理百姓要"居敬而行简"等观点,体现了孔子的民本思想。君子也应周济穷人才不失为仁。"中庸""仁者己欲立而立人,己欲达而达人"等思想是孔子思想的中心内容。本篇中孔子对弟子颜回的评价极高,赞扬其"好学""不违仁",颜回之乐更是孔子及后人极为推崇的生活境界:不为外界物质的缺乏而改变内心的快乐,这种境界也值得现代人深思。"文质彬彬""智者乐水,仁者乐山"等著名论述也在此篇提出。

6.1 子曰:"雍也①,可使南面②。"

译文

孔子说:"冉雍这个人,可以让他去做官。"

---

①雍也:孔子的学生。②南面:古代以面向南为尊位,天子、诸侯和官员听政都是面向南面而坐。这里"南面"一词意译为做官。

6.2 仲弓问子桑伯子①。子曰:"可也,简②。"仲弓曰:"居敬③而行简④,以临⑤其民,不亦可乎?居简而行简,无乃⑥大⑦简乎?"子曰:"雍之言然⑧。"

译文

仲弓问孔子子桑伯子这个人怎么样。孔子说:"此人还可以,办事简要而不繁琐。"仲弓说:"居心恭敬严肃而行事简要,像这样来治理百姓,不是也可以吗?(但是)自己马马虎虎,又以简要的方法办事,这样岂不是太简单了吗?"孔子说:"冉雍,这话你说得对。"

①子桑伯子:人名,此人生平不可考。②简:简要,不繁琐。③敬:恭敬严肃。④行简:指推行政事简而不繁。⑤临:面临、面对。此处有"治理"的意思。⑥无乃:岂不是。⑦大:同"太"。⑧然:对的,是的。

6.3 哀公问:"弟子孰为好学?"孔子对曰:"有颜回者好学,不迁怒①,不贰过②。不幸短命死矣③,今也则亡④,未闻好学者也。"

译文

鲁哀公问孔子:"你的学生中谁是最好学的呢?"孔子回答说:"有一个叫颜回的学生好学,他从不把自己的怒气发泄到他人身上,也从不重犯同样的过错。可惜短命死了,现在再没有这样的人了,没有听说谁是好学的。"

①不迁怒：不把自己的怒气发泄到他人身上。②不贰过："贰"是重复、一再的意思。这里是说不犯同样的错误。③短命死矣：颜回死时年仅31岁。④亡：同"无"，没有。

6.4 子华①使②于齐，冉子③为其母请粟④。子曰："与之釜⑤。"请益。曰："与之庾⑥。"冉子与之粟五秉⑦。子曰："赤之适齐也，乘肥马，衣⑧轻裘。吾闻之也，君子周⑨急不继⑩富。"

译文
公西赤出使齐国，冉求为他的母亲向孔子请求补助一些谷米。孔子说："给他六斗四升。"冉求请求再增加一些。孔子说："再给他二斗四升。"冉求却给他八十石。孔子说："公西赤到齐国去，乘坐着肥马驾的车子，穿着又暖和又轻便的皮袍。我听说过，君子只是周济急需救济的穷人，而不是接济富人。"

①子华：姓公西，名赤，字子华，孔子的学生。②使：出使。③冉子：冉求，在《论语》中被孔子弟子称为"子"的只有四五个人，冉求即其中之一。④粟：sù，在古文中，粟与米连用时，粟指带壳的谷粒，去壳以后叫做米；粟字单用时，即指米。⑤釜：fǔ，古代量名，一釜合六斗四升。⑥庾：yǔ，古代量名，一庾合二斗四升。⑦秉：古代量名，一秉合十六斛。⑧衣：yì，这里做动词，穿的意思。⑨周：周济、救济。⑩继：增益。

6.5 原思①为之宰②，与之粟九百③，辞。子曰：

"毋！以与尔邻里乡党④乎？"

译文

原思给孔子家当总管，孔子给他小米九百，他推辞不要。孔子说："不要推辞！（如果有多的）给你的乡亲们吧。"

---

①原思：姓原名宪，字子思，鲁国人。孔子的学生。孔子在鲁国任司法官的时候，原思曾做他家的总管。②宰：家宰，管家。③九百：没有具体的单位。④邻里乡党：相传古代以五家为邻，二十五家为里，一万二千五百家为乡，五百家为党。此处指原思的同乡，或家乡周围的百姓。

6.6 子谓仲弓，曰："犁牛①之子骍②且角③，虽欲勿用④，山川⑤其舍诸⑥？"

译文

孔子评价仲弓时说："耕牛产下的牛犊长着红色的毛和整齐端正的角，人们虽想不用它作祭品，难道山川之神会舍弃它吗？"

---

①犁牛：即耕牛。古代祭祀用的牛不能以耕牛代替。②骍：xīng，红色。③角：角长得周正。④用：用于祭祀。⑤山川：山川之神。这里比喻上层统治者。⑥其舍诸：其，有"怎么会"的意思。舍，舍弃。诸，"之于"二字的合音。

6.7 子曰："回也，其心三月①不违仁，其余则日月②至焉③而已矣。"

译文

孔子说:"颜回这个人,他的心可以长久地不违背仁德,其余的学生则只能在短时间内做到仁而已。"

---

①三月:这里是时间泛指,长久的意思。②日月:这里也是时间泛指,短时间的意思。③焉:代词,指仁德。

6.8 季康子问:"仲由可使从政也与?"子曰:"由也果①,于从政乎何有?"曰:"赐②也可使从政也与?"曰:"赐也达,于从政乎何有?"曰:"求也可使从政也与?"曰:"求也艺③,于从政乎何有?"

译文

季康子问孔子:"仲由这个人,可以让他参与政事吗?"孔子说:"仲由做事果断,让他参与政事有什么困难呢?"季康子又问:"端木赐这个人,可以让他参与政事吗?"孔子说:"端木赐通达事理,让他参与政事有什么困难呢?"又问:"冉求这个人,可以让他参与政事吗?"孔子说:"冉求有才能,让他参与政事有什么困难呢?"

---

①果:果断、决断。②赐:端木赐,孔子的学生。③艺:才能、技艺。

6.9 季氏使闵子骞①为费②宰。闵子骞曰:"善为我辞焉!如有复我③者,则吾必在汶上④矣。"

译文

季氏派人请闵子骞去做费邑的长官,闵子骞说:"请你好好替我辞谢吧!如果再来召我,我一定到齐国那边去了。"

---

①闵子骞:姓闵名损,字子骞,鲁国人,孔子的学生,比孔子小15岁。②费:bì,季氏的封邑,在今山东费县西北一带。③复我:再来召我。④汶上:汶,wèn,水名,即今山东大汶河,当时流经齐、鲁两国之间。在汶上,是说离开鲁国到齐国去。

6.10 伯牛①有疾,子问②之,自牖③执其手,曰:"亡之④,命矣夫⑤!斯人也而有斯疾也!斯人也而有斯疾也!"

译文

伯牛病了,孔子去探望他,从窗口握着他的手说:"丧失了这个人,这是命里注定的吧!这样的人竟会得这样的病啊!这样的人竟会得这样的病啊!"

---

①伯牛:姓冉名耕,字伯牛,鲁国人,孔子的学生。孔子认为他的"德行"较好。②问:这里是探望的意思。③牖:yǒu,窗户。④亡之:一作丧夫解,一作死亡解。⑤夫:fú,语气词,相当于"吧"。

6.11 子曰:"贤哉,回也!一箪①食,一瓢饮,在陋巷②,人不堪③其忧,回也不改其乐④。贤哉,回也!"

译文

孔子说:"颜回的品质多么高尚啊!一箪饭,一瓢水,住在简陋的巷子里,别人都忍受不了这种穷困清苦的生活,颜回却没有改变他好学的乐趣。颜回的品质是多么高尚啊!"

---

①箪:dān,古代盛饭用的竹器。②巷:此处指颜回的住处。③堪:忍受。④乐:这里指学习的快乐。

6.12 冉求曰:"非不说①子之道,力不足也。"子曰:"力不足者,中道而废。今女②画③。"

译文

冉求说:"我不是不喜欢老师的学问,而是我的能力不够呀。"孔子说:"如果真是能力不够,到半路会停下来,现在是你停止前进啊。"

---

①说:同"悦",喜欢的意思。②女:同"汝",你。③画:停止。

6.13 子谓子夏曰:"女为君子儒,无为小人儒!"

译文

孔子对子夏说:"你要做君子那样的儒者,不要做小人那样的儒者。"

6.14 子游为武城①宰。子曰:"女得人焉尔乎②?"曰:"有澹台灭明③者,行不由径④,非公事,未尝至于偃⑤之室也。"

译文

子游做了武城的县长。孔子说:"你在这里得到了人才吗?"子游回答说:"有一个叫澹台灭明的人,走路不走小道,不是公事从不到我屋里来。"

---

①武城:鲁国的小城邑,在今山东费县境内。②焉尔乎:此三个字都是语助词。③澹台灭明:姓澹台名灭明,字子羽,武城人,孔子弟子。④径:小路,引申为邪路。⑤偃:即子游,这是他自称其名。

6.15 子曰:"孟之反①不伐②,奔③而殿④,将入门⑤,策⑥其马,曰:'非敢后也,马不进也。'"

译文

孔子说:"孟之反不喜欢夸耀自己,打仗败退的时候,他留在最后掩护全军,快进城门的时候,他鞭打着自己的马说,'不是我敢留在最后,是马跑得不快呀。'"

---

①孟之反:名侧,鲁国大夫。②伐:夸耀。③奔:败走。④殿:殿后,在全军最后作掩护。⑤门:城门。⑥策:这里作动词,鞭打的意思。

6.16 子曰:"不有祝鮀①之佞②,而有宋朝③之美,难乎免于今之世矣。"

译文

孔子说:"如果没有祝鮀那样的口才,也没有宋朝的美貌,那么在今天的社会里处世立足就比较艰难了。"

---

①祝鮀:鮀,tuó,字子鱼,卫国大夫,有口才,以能言善辩,受到卫灵公重用。②佞:有口才。③宋朝:宋国的公子朝,《左传》中曾记载他因美丽而惹起祸乱的事情。

6.17 子曰:"谁能出不由户,何莫由斯道也!"

译文

孔子说:"谁能不经过房门而走出去呢?为什么没有人走(我所行的)这条道路呢?"

6.18 子曰:"质①胜文②则野③,文胜质则史④。文质彬彬⑤,然后君子。"

译文

孔子说:"朴实多于文采,就会流于粗俗;文采多于朴实,就会流于虚伪、浮夸。只有朴实和文采配合恰当,这才是君子。"

---

①质:朴实、自然,无修饰的。②文:文采,经过修饰的。③野:此处

指粗鲁、鄙野，缺乏文采。④史：言词华丽，这里有虚伪、浮夸的意思。⑤彬彬：指文与质的配合恰当。

6.19 子曰："人之生也直，罔①之生也幸②而免。"

译文

孔子说："一个人的生存是由于正直，而不正直的人也能生存，那只是他侥幸地避免了灾祸。"

---

①罔：诬罔不直的人。②幸：侥幸。

6.20 子曰："知之者不如好之者，好之者不如乐之者。"

译文

孔子说："懂得它的人，不如喜爱它的人；喜爱它的人，又不如以它为乐的人。"

6.21 子曰："中人以上，可以语①上也；中人以下，不可以语上也。"

译文

孔子说："具有中等以上才智的人，可以告诉他高深的学问；才智在中等水平以下的人，不可以告诉他高深的学问。"

①语：yù，告诉。

6.22 樊迟问知①。子曰："务②民之义，敬鬼神而远之，可谓知矣。"问仁。曰："仁者先难而后获，可谓仁矣。"

译文

樊迟问孔子怎样才算是聪明。孔子说："专心致力于老百姓应该遵从的道德，严肃地对待鬼神并远离他，可以说是聪明了。"樊迟又问怎样才是仁。孔子说："有仁德的人是在付出努力之后收获果实，可以说是仁了。"

---

①知：同"智"，聪明、智慧的意思。②务：从事、致力于。

6.23 子曰："知①者乐②水，仁者乐山。知者动，仁者静。知者乐，仁者寿。"

译文

孔子说："聪明人喜爱水，仁人喜爱山。聪明人好动，仁人沉静。聪明人快乐，仁人长寿。"

---

①知：同"智"，聪明。②乐：古音 yào，喜爱的意思。

6.24 子曰："齐一变，至于鲁；鲁一变，至于道。"

译文

孔子说:"齐国一改革,就可以达到鲁国这个样子;鲁国一改革,就可以达到先王之道了。"

6.25 子曰:"觚①不觚,觚哉?觚哉?"

译文

孔子说:"觚不像觚了,这还是觚吗?这还是觚吗?"

---

①觚:gū,古代盛酒的器具,上圆下方,有棱,容量约有二升。后来觚的形状改变了,所以孔子认为觚不像觚。

6.26 宰我问曰:"仁①者,虽告之曰:'井有仁焉。'其从之也?"子曰:"何为其然②也?君子可逝③也,不可陷④也;可欺⑤也,不可罔⑥也。"

译文

宰我问道:"有仁德的人,就是告诉他:'井里掉下一位仁人。'他会跟着下去吗?"孔子说:"为什么要这样做呢?君子可以到井边去救,却不会陷进去;可以被欺骗,但不会被迷惑。"

---

①仁:这里指有仁德的人。②何为其然:何为,为什么的意思。其然,这样的意思。③逝:往。这里指到井边去看并设法救之。④陷:陷入。⑤欺:欺骗。⑥罔:迷惑。

6.27 子曰:"君子博学于文,约①之以礼,亦可以弗畔②矣夫③!"

译文

孔子说:"君子广泛地学习古代文化典籍,又用礼仪来约束自己,也就可以不离经叛道了。"

---

①约:一种释为约束;一种释为简要。②畔:同"叛",离经叛道。③矣夫:语气词,表感叹。

6.28 子见南子①,子路不说②。夫子矢③之曰:"予所④否⑤者,天厌⑥之!天厌之!"

译文

孔子去见南子,子路不高兴。孔子发誓说:"如果我有不对的地方,天厌弃我吧!天厌弃我吧!"

---

①南子:卫灵公的夫人,当时把持着卫国的政权,而且有淫乱的行为。②说:同"悦",高兴的意思。③矢:同"誓",这里是发誓的意思。④所:用于誓词中作假设连词,如果、假若的意思。⑤否:不对、不是。⑥厌:厌弃。

6.29 子曰:"中庸①之为德也,其至矣乎!民鲜②久矣。"

译文

孔子说:"中庸作为一种道德,该是最高了吧!人们缺少这种道德已经很久了。"

---

①中庸:中,折中、调和。庸,平常。中庸思想是孔子的最高道德标准。②鲜:xiǎn,少的意思。

6.30 子贡曰:"如有博施①于民而能济众,何如?可谓仁乎?"子曰:"何事于仁,必也圣乎!尧舜②其犹病诸③!夫④仁者,己欲立而立人,己欲达而达人。能近取譬⑤,可谓仁之方也已。"

译文

子贡说:"假如有个人,他能给老百姓很多恩惠又能周济大众,怎么样?可以算是仁人吗?"孔子说:"何止是仁人,一定也是圣人了!就连尧、舜都难以做到呀!所谓仁人,就是要想自己站得住,也要帮助别人站得住;要想自己过得好,也要帮助别人过得好。凡事能从切身的生活中选取例子一步步去做,可以说就是实践'仁'的方法了。"

---

①施:旧读 shì,动词。②尧舜:传说中上古时代的两位帝王,也是孔子心目中的榜样。儒家认为是"圣人"。③病诸:病,担忧。诸,"之于"的合音。④夫:句首发语词。⑤能近取譬:能够就自身打比方,即推己及人的意思。

述而篇第七

述而篇塑造了一位不断自我反省的孔子形象：知错能改，对知识的学习，教学的方式以及德义的修行等进行反思。孔子对古代文化极为喜爱，"述而不作，信而好古"，听《韶》乐，学《易》，读《诗》《书》，持礼。此篇集中阐述的是孔子"教"与"学"的思想，教学以"文、行、忠、信"为主要内容，其教学方式更是后人不断实践的标准，如"无隐""三人行，必有我师焉""不愤不启，不悱不发"等。文中还体现了孔子对财富的认识，其认为正当取财之行为可取，然则"不义而富且贵，于我如浮云"。反对取财无道之举，当今仍然具有警世作用。

7.1 子曰："述而不作①，信而好古，窃②比我于老彭③。"

译文
孔子说："只阐述古人著作而不创作，相信且喜爱古代文化，我私下将自己比作老彭。"

①述而不作：述，阐述。作，创作。这句话意思是说，只阐述古人著作而不创作。②窃：私自、私下。③老彭：人名，但究竟指谁，学术界说法不一。

7.2 子曰："默而识①之，学而不厌②，诲③人不倦④，何有于我哉？"

译文

孔子说："默默地记住（所学的知识），学习不觉得厌烦，教导人不知道疲倦，这些事情我能做到多少呢？"

①识：zhì，记住的意思。②厌：厌烦。③诲：教导。④倦：疲倦。

7.3 子曰："德之不修，学之不讲，闻义不能徙①，不善不能改，是吾忧也。"

译文

孔子说："品德不修养，学问不讲习，听到义不能去做，不好的行为不能改正，这些都是我担忧的呀。"

①徙：xǐ，迁移。这里指靠近义、做到义。

7.4 子之燕居①，申申②如也，夭夭③如也。

译文

孔子闲居在家的时候，衣冠整洁，仪态温和舒畅，悠闲自在。

---

①燕居：安居、闲居。②申申：衣冠整洁。③夭夭：行动斯文、舒和的样子。

7.5 子曰："甚矣吾衰也！久矣吾不复梦见周公①！"

译文

孔子说："我衰老得很厉害了，我好久没有梦见周公了！"

---

①周公：姓姬名旦，周文王的儿子，周武王的弟弟，成王的叔父，鲁国国君的始祖，传说是西周典章制度的制定者，他是孔子所崇拜的"圣人"之一。

7.6 子曰："志于道，据于德，依于仁，游于艺①。"

译文

孔子说："以道为志向，以德为根据，以仁为凭藉，游憩于礼、乐、射、御、书、数六艺的范围中。"

---

①艺：指孔子教授学生的礼、乐、射、御、书、数等六艺，都是日常所用。

7.7 子曰:"自行束脩①以上,吾未尝无诲焉。"

译文

孔子说:"只要自愿拿着十条干肉为礼来见我的人,我从来没有不给他教诲的。"

---

①束脩:脩,xiū,干肉,又叫脯。束脩就是十条干肉。孔子要求他的学生,初次见面时要拿十条干肉作为学费。后来,就把学生送给老师的学费叫做"束脩"。

7.8 子曰:"不愤①不启,不悱②不发。举一隅③不以三隅反,则不复④也。"

译文

孔子说:"(教导学生),不到他想弄明白而又弄不明白的时候,不去开导他;不到他想说出来却说不出来的时候,不去启发他。教给他一个方面的东西,他却不能由此而推知其他几个方面的东西,那就不再教他了。"

---

①愤:苦思冥想而仍然领会不了的样子。②悱:fěi,想说又不能明确说出来的样子。③隅:yú,角落。④不复:不再次去教他。

7.9 子食于有丧者之侧,未尝饱也。

译文

孔子在服丧的人身边吃饭,从来没有吃饱过。

7.10 子于是日哭,则不歌。

译文

孔子在这一天为吊丧哭泣过,就不再唱歌。

7.11 子谓颜渊曰:"用之则行,舍之则藏①,惟我与尔有是夫!"

子路曰:"子行三军②,则谁与③?"

子曰:"暴虎冯河④,死而无悔者,吾不与也。必也临事而惧,好谋而成者也。"

译文

孔子对颜渊说:"用我呢,我就去干;不用我,我就隐藏起来,只有我和你才能做到这样吧!"

子路问孔子说:"您如果统帅三军,那您和谁一起共事呢?"

孔子说:"赤手空拳和老虎搏斗,徒步涉水过河,死了都不会后悔的人,我是不会和他一起共事的。我要找的,一定是遇事小心谨慎、善于谋略而能完成的人。"

---

①舍之则藏:舍,舍弃、不用。藏,隐藏。②三军:是当时大国所有的军队,每军约一万二千五百人。③与:在一起的意思。④暴虎冯河:暴虎,赤手空拳与老虎进行搏斗。冯河:冯,píng,无船而徒步过河。暴虎冯河,比喻有勇无谋,鲁莽冒险。

7.12 子曰:"富而①可求也,虽执鞭之士②,吾亦为之。如不可求,从吾所好。"

译文

孔子说:"如果富贵可以求到,虽然是做市场的守门卒,我也愿意去做。如果富贵不可以求到,那就还是干我所爱好的吧。"

---

①而:这里做假设连词,如果、假若的意思。②执鞭之士:古代为天子、诸侯和官员出入时手执皮鞭开路的人。这里指市场的守门卒。

7.13 子之所慎:齐①,战,疾。

译文

孔子小心谨慎对待的是斋戒、战争和疾病这三件事。

---

①齐:同"斋",斋戒。古人在祭祀前要沐浴更衣,整洁身心,表示虔诚,这便叫"斋"。

7.14 子在齐闻《韶》①,三月不知肉味,曰:"不图为乐之至于斯也。"

译文

孔子在齐国听到了《韶》乐,有很长时间尝不出肉的滋味,他说:"想不到欣赏音乐竟然能达到这样的境界。"

①《韶》：舜时古乐曲名。

7.15 冉有曰："夫子为①卫君②乎？"子贡曰："诺③，吾将问之。"

入，曰："伯夷、叔齐何人也？"曰："古之贤人也。"曰："怨乎？"曰："求仁而得仁，又何怨？"出，曰："夫子不为也。"

译文

冉有说："老师赞成卫国的国君吗？"子贡说："嗯，我去问他。"于是子贡进到孔子屋里说："伯夷、叔齐是什么样的人呢？"孔子说："古代的贤人。"子贡又问："他们有怨悔吗？"孔子说："他们求仁而得到了仁，有什么怨悔呢？"子贡出来对冉有说："老师不赞成卫君。"

①为：本意是帮助，这里是赞成的意思。②卫君：卫出公辄，是卫灵公的孙子。他的父亲因谋杀南子而被卫灵公驱逐出国。灵公死后，辄被立为国君，其父回国与他争位。③诺：答应。

7.16 子曰："饭疏食①，饮水，曲肱②而枕之，乐亦在其中矣。不义而富且贵，于我如浮云。"

译文

孔子说："吃粗粮，喝白水，弯着胳膊当枕头，乐趣也就在这中间了。用不正当的手段得来的富贵，对于我来说就像天上的浮云。"

---

①饭疏食：饭，这里作动词，吃。疏食，粗粮。②曲肱：肱，gōng，胳膊。曲肱，即弯着胳膊。

7.17 子曰："加①我数年，五十以学《易》②，可以无大过矣。"

译文

孔子说："给我几年时间，到五十岁时学习《周易》，就可以没有大的过错了。"

---

①加：这里通"假"字，给予的意思。②易：指《周易》，古代占卜用的书，里面包含深刻的哲理。

7.18 子所雅言①，《诗》、《书》、执礼，皆雅言也。

译文

孔子有讲雅言的时候，读《诗》、念《书》、赞礼时，用的都是雅言。

---

①雅言：雅，正。春秋时代各国没有统一的语言，这里指通行的共同语，相当于现在的普通话。

7.19 叶公①问孔子于子路,子路不对。子曰:"女奚不曰,其为人也,发愤忘食,乐以忘忧,不知老之将至云尔②。"

译文
叶公向子路问孔子是个什么样的人,子路没有回答。孔子说:"你为什么不这样说,他这个人,发愤用功得连吃饭都忘了,快乐得把一切忧虑都忘了,连自己快要老了都不知道,如此而已。"

---

①叶公:叶,shè。叶公姓沈,名诸梁,楚国的大夫,封地在叶城(今河南叶县南),所以叫叶公。②云尔:云,代词,如此的意思。尔,同"耳",而已、罢了。

7.20 子曰:"我非生而知之者,好古,敏以求之者也。"

译文
孔子说:"我不是生来就有知识的人,而是爱好古代文化,勤奋敏捷地去求得知识的人。"

7.21 子不语怪、力、乱、神。

译文
孔子不谈论怪异、暴力、变乱、鬼神。

7.22 子曰:"三人行,必有我师焉:择其善者而从之,其不善者而改之。"

译文

孔子说:"三个人一起走路,其中必定有人可以作我的老师。我选择他的优点向他学习,看到他的缺点,如果自己也有,就改正。"

7.23 子曰:"天生德于予,桓魋①其如予何?"

译文

孔子说:"上天赋予了我仁德,桓魋能把我怎么样?"

---

①桓魋:魋,tuí,宋国主管军事行政的司马,宋桓公的后代。

7.24 子曰:"二三子①以我为隐②乎?吾无隐乎尔。吾无行而不与二三子者,是丘也。"

译文

孔子说:"学生们,你们以为我对你们有所隐瞒吗?我对你们没有隐瞒。我没有什么事不是和你们一起干的,这就是我孔丘的为人。"

---

①二三子:指孔子的学生们。②隐:隐瞒。

7.25 子以四教：文①，行②，忠，信。

译文

孔子以文、行、忠、信四项内容教授学生。

---

①文：文献、古籍等。②行：指德行，也指社会实践。

7.26 子曰："圣人，吾不得而见之矣；得见君子者，斯①可矣。"子曰："善人，吾不得而见之矣；得见有恒②者，斯可矣。亡而为有，虚而为盈，约③而为泰④，难乎有恒矣。"

译文

孔子说："圣人，我是不可能见到了；能看见君子，就可以了。"孔子又说："善人我不可能看到了，能见到始终如一（保持好的品德）的人，也就可以了。没有却装作有，空虚却装作充实，穷困却装作富足，这样的人是难以有恒心（保持好的品德）的。"

---

①斯：就。②恒：指有恒心。③约：穷困。④泰：此处是奢侈富足的意思。

7.27 子钓而不纲①，弋②不射宿③。

译文

孔子钓鱼，不用系许多鱼钩的大绳来钓鱼；用带生丝的箭来射鸟，不射归巢歇宿的鸟。

---

①纲：大绳。这里作动词用。在水面上拉一根大绳，在大绳上系许多鱼钩来钓鱼，叫纲。②弋：yì，用带生丝的箭来射鸟。③宿：归巢歇宿的鸟。

7.28 子曰："盖有不知而作之者，我无是也。多闻，择其善者而从之；多见而识之；知之次也。"

译文

孔子说："大概有一种不知道而能凭空造作的人，我不是这样的。多听，选择其中好的来学习；多看，然后记在心里；这仅次于生来就知道的人。"

7.29 互乡①难与言，童子见，门人惑。子曰："与②其进也，不与其退也，唯何甚？人洁己以进，与其洁也，不保其往也。"

译文

互乡这个地方的人难以交谈，一个小孩受到了孔子的接见，孔子的学生们都感到很疑惑。孔子说："我是肯定他的进步，不是肯定他的退步，何必做得太过分呢？人家整洁干净而来，应当赞叹，不要死记住他的过去。"

①互乡：地名，具体所在已无可考。②与：赞许。

7.30 子曰："仁远乎哉？我欲仁，斯仁至矣。"

译文

孔子说："仁难道离我们很远吗？只要我想要仁，仁就来了。"

7.31 陈司败①问昭公②知礼乎，孔子曰："知礼。"

孔子退，揖③巫马期④而进之，曰："吾闻君子不党⑤，君子亦党乎？君取⑥于吴，为同姓⑦，谓之吴孟子⑧。君而知礼，孰不知礼？"

巫马期以告。子曰："丘也幸，苟有过，人必知之。"

译文

陈司败问孔子鲁昭公是否懂得礼，孔子说："懂得礼。"孔子出来后，陈司败向巫马期作了个揖，然后说："我听说，君子是没有偏袒的，难道君子还包庇别人吗？鲁君在吴国娶了一个同姓的女子做为夫人。如果鲁君算是知礼，还有谁不知礼呢？"巫马期把这话告诉了孔子。孔子说："我真是幸运。如果有错误，人家一定会知道。"

①陈司败：陈国主管司法的官，姓名不详，也有人说是齐国大夫，姓陈名司败。②昭公：鲁国的君主，"昭"是谥号。③揖：作揖，行拱手礼。④

巫马期：姓巫马，名施，字子期，孔子的学生，比孔子小30岁。⑤党：偏袒、包庇的意思。⑥取：同"娶"。⑦为同姓：鲁国和吴国的国君都姓姬。鲁国为周公之后，姬姓；吴国为太伯之后，也是姬姓。⑧吴孟子：鲁昭公夫人。春秋时代，国君夫人的称号，一般是她出生的国名加上她的姓，但因"同姓不婚"是周朝的礼法，所以将吴姬改称为"吴孟子"。

7.32 子与人歌而善，必使反之，而后和之。

译文

孔子和别人一起唱歌，如果唱得好，一定请他再唱一遍，然后自己和他一起唱。

7.33 子曰："文，莫①吾犹人也。躬行君子，则吾未之有得。"

译文

孔子说："讲到书本上的学问，我和别人差不多。成为一个身体力行的君子，我还没有做到。"

---

①莫：大概、差不多。

7.34 子曰："若圣与仁，则吾岂敢？抑①为之不厌，诲人不倦，则可谓云尔②已矣。"公西华曰："正唯弟子不能学也。"

译文

孔子说:"如果说到圣与仁,我怎么敢当?只不过是学习用功不厌倦,教导他人不疲倦,就是可以这样说罢了。"公西华说:"这正是我们学不到的。"

①抑:语气助词,"只不过是"的意思。②云尔:这样说。

7.35 子疾病①,子路请祷②。子曰:"有诸③?"子路对曰:"有之;《诔》④曰:'祷尔于上下神祇⑤。'"子曰:"丘之祷久矣。"

译文

孔子病重,子路向鬼神祈祷。孔子说:"有这回事吗?"子路说:"有的。《诔》文上说:'为您向天地神灵祈祷。'"孔子说:"我很久就在祈祷了。"

①疾病:疾,有病。病,重病。②请祷:向鬼神请求和祷告,即祈祷。③有诸:"之于"的合音。④《诔》:lěi,祈祷文。⑤祇:qí,地神。

7.36 子曰:"奢则不孙①,俭则固②。与其不孙也,宁固。"

译文

孔子说:"奢侈了就不会谦逊,节俭了就会显得寒酸。与其不谦逊，宁可寒酸。"

---

①孙：同"逊"，谦逊。②固：简陋、寒酸的意思。

7.37 子曰："君子坦荡荡①，小人长戚戚②。"

译文
孔子说："君子心胸宽广，小人经常忧愁。"

---

①坦荡荡：心胸宽广。②戚戚：忧愁、烦恼。

7.38 子温而厉，威而不猛，恭而安。

译文
孔子温和而又严厉，威严而不凶猛，庄重而又安详。

泰伯篇第八

泰伯篇体现了孔子对古人的认识,孔子称赞了泰伯、尧、舜、禹、武王等人的至德,同时也指出仁、礼的重要性,批评了骄吝之人。文中孔子也指出为官守道之法,为官在其位尽职为政,"不在其位,不谋其政""天下有道则见,无道则隐"成为中国古代士人出处的重要标准。此篇还记载了孔子弟子曾子临死前的情形,曾子所言"鸟之将死,其鸣也哀;人之将死,其言也善""临大节而不可夺""任重而道远"等,成为千古名句。

8.1 子曰:"泰伯①,其可谓至德也已矣。三②以天下让,民无得而称焉。"

译文
孔子说:"泰伯可以说是品德最高尚的人了,几次把王位让给季历,老百姓都找不到合适的语言来称赞他了。"

---

①泰伯:周朝的祖先古公亶父的长子。②三:泛指多次。

8.2 子曰:"恭而无礼则劳①,慎而无礼则葸②,勇而无礼则乱,直而无礼则绞③。君子笃④于亲,则民兴于仁;故旧⑤不遗,则民不偷⑥。"

译文

孔子说:"恭敬却不知礼,就会劳苦;谨慎却不知礼,就会畏惧拘谨;勇猛却不知礼,就会盲动闯祸;心直口快却不知礼,就会说话尖刻。在上位的人能厚待自己的亲属,那么老百姓就会走向仁德;在上位的人不遗弃老朋友,那么老百姓就不会对人冷漠了。"

---

①劳:辛劳,劳苦。②葸:xǐ,胆怯、害怕。③绞:说话尖刻。④笃:忠实。⑤故旧:故交,老朋友。⑥偷:这里指人与人之间的感情淡薄。

8.3 曾子有疾,召门弟子曰:"启①予足!启予手!《诗》云②:'战战兢兢,如临深渊,如履③薄冰。'而今而后,吾知免④夫!小子⑤!"

译文

曾子病了,把他的学生们召集到身边来,说道:"看我的脚!看我的手!《诗经》上说:'小心谨慎呀,就好像站在深渊旁边,就好像踩在薄冰上面。'从今以后,我知道我可以免于刑戮祸害了,弟子们!"

①启：这里是看的意思。②《诗》云：以下三句引自《诗经·小雅·小旻》篇。③履：践踏、走过。④免：免于祸害，免于刑戮。⑤小子：对弟子的称呼。

8.4 曾子有疾，孟敬子①问②之。曾子言曰："鸟之将死，其鸣也哀；人之将死，其言也善。君子所贵乎道者三：动容貌，斯远暴慢③矣；正颜色，斯近信矣；出辞气，斯远鄙倍④矣。笾豆⑤之事，则有司⑥存。"

译文

曾子病了，孟敬子去探望他。曾子说："鸟要死了，它的叫声是悲哀的；人要死了，他说出的话是善良的。在上位的人应当重视道的三个方面：注重自己的容貌，使自己的容貌庄重严肃，就可以避免别人的粗暴；端正自己的脸色，就可以使人相信自己；说话时，注意自己的言辞和声调，就可以避免错误。至于祭祀和礼节的事，自然有管这些事的官吏来负责。"

①孟敬子：即鲁国大夫仲孙捷。②问：探望。③暴慢：粗暴、放肆。④鄙倍：鄙，粗野、鄙陋。倍，同"背"，错误。鄙倍，指背理，不合理，错误。⑤笾豆：笾，biān。笾和豆，古代食器，竹制为笾，木制为豆。⑥有司：主管其事的小吏。

8.5 曾子曰："以能问于不能，以多问于寡；有若无，实若虚；犯而不校①——昔者②吾友③尝从事于斯矣。"

译文

曾子说:"有能力的人向没有能力的人请教,知识多的人向知识少的人请教;有学问就像没学问一样,知识丰富就像空无所有一样;被人欺负却不计较——从前我的朋友就做到了这样。"

---

①校:jiào,同"较",计较。②昔者:从前、过去。③吾友:我的朋友。旧注上一般都认为这里指颜渊。

8.6 曾子曰:"可以托六尺①之孤,可以寄百里之命②,临大节而不可夺也——君子人与?君子人也!"

译文

曾子说:"可以把年幼的孤儿托付给他,可以把国家的政权委托给他,面临生死存亡的紧急关头却毫不动摇屈服。这样的人是君子吗?是君子啊!"

---

①六尺:指15岁以下,古人以七尺指成年。②寄百里之命:寄,寄托、委托。百里,指大国。百里之命,指掌握国家政权和命运。

8.7 曾子曰:"士不可以不弘毅①,任重而道远。仁以为己任,不亦重乎?死而后已,不亦远乎?"

译文

曾子说:"读书人不可以不心胸宽阔,意志坚强,因为他责任重大,道路遥远。把实现仁作为自己的责任,难道还不重大吗?奋斗到死才停止,难道还不遥远吗?"

---

①弘毅:弘,弘大。毅,坚强,有毅力。

8.8 子曰:"兴于《诗》,立于礼,成于乐。"

译文

孔子说:"(人的修养)开始于学《诗》,自立于学礼,完成于学乐。"

8.9 子曰:"民可使由之,不可使知之。"

译文

孔子说:"对于老百姓,可以使他们按照我们的道路去走,不可以使他们知道为什么要那样做。"

8.10 子曰:"好勇疾①贫,乱也。人而不仁②,疾之已甚,乱也。"

译文

孔子说:"一个人喜好勇敢而又恨自己太穷困,就会出乱子。对于不仁德的人,憎恨得太多,也会出乱子。"

①疾：恨、憎恨。②不仁：不符合仁德的人或事。

8.11 子曰："如有周公之才之美，使骄且吝，其余不足观也已。"

译文

孔子说："即使有周公那样美好的才能，只要骄傲自大而又吝啬小气，那其他方面也就不值得一看了。"

8.12 子曰："三年学，不至①于谷②，不易得也。"

译文

孔子说："学习了三年，还没有做官的念头，这是不易的。"

①至：同"志"，这里指意念。②谷：古代以谷米作为官吏的俸禄，这里用"谷"字代表做官。

8.13 子曰："笃信①好学，守死善道。危邦不入，乱邦不居②。天下有道则见③，无道则隐。邦有道，贫且贱焉，耻也；邦无道，富且贵焉，耻也。"

译文

孔子说："深信我们的道，并誓死守护它。不进入危险的国家，不居住在动乱的国家。天下太平就出来做官，天下黑暗就隐居。国家太平而自己贫贱，是耻辱；国家黑暗而自己富贵，也是耻辱。"

①笃信：深信。②居：居住。③见：xiàn，同"现"，出现。

8.14 子曰："不在其位，不谋其政。"

译文

孔子说："不在那个职位上任职，就不考虑那个职位上的事情。"

8.15 子曰："师挚之始①，《关雎》之乱②，洋洋乎盈耳哉！"

译文

孔子说："从师挚演奏的序曲开始，到最后演奏《关雎》结尾，我耳边回荡着丰富而优美的音乐。"

①师挚之始：师挚，鲁国的太师。"始"是乐曲的开端，古代开始奏乐，开端叫"升歌"，一般由太师演奏，师挚是太师，所以这里说是"师挚之始"。②《关雎》之乱："乱"是乐曲的终了。《关雎》用在乐曲的结尾，所以叫"《关雎》之乱"。

8.16 子曰："狂①而不直，侗②而不愿③，悾④悾而不信，吾不知之矣。"

译文

孔子说:"狂妄而不直爽,幼稚无知而不老实,表面诚恳而不讲信用,我不知道这种人为什么会是这个样子。"

---

①狂:狂妄。②侗:tóng,幼稚无知。③愿:老实。④悾:kōng,同"空",诚恳。

8.17 子曰:"学如不及,犹恐失之。"

译文

孔子说:"学习知识就像追赶那样,怕追不上又担心会丢掉什么。"

8.18 子曰:"巍巍①乎,舜禹②之有天下也而不与③焉!"

译文

孔子说:"舜和禹多么崇高啊!他们得到天下也不占为己有。"

---

①巍巍:崇高、高大的样子。②舜禹:舜是传说中的圣君明主。禹是夏朝的第一个国君。传说古时代,尧禅位给舜,舜后来又禅位给禹。③与:yù,本义是"参与"的意思,这里意译为"私有"。

8.19 子曰:"大哉尧①之为君也!巍巍乎!唯天为大,唯尧则②之。荡荡③乎,民无能名④焉。巍巍乎!其有成功也。焕⑤乎!其有文章。"

译文

孔子说:"尧这样的君主,多么崇高啊!只有天最大,只有尧才能效法天的高大。他的恩德多么广大啊,百姓们不知道该用什么语言来表达对他的称赞。他的功绩多么崇高,他制定的礼仪制度多么光辉啊!"

---

①尧:中国古代传说中的圣君。②则:效法、为准。③荡荡:广大的样子。④名:形容、称说、称赞。⑤焕:光辉灿烂。

8.20 舜有臣五人①而天下治。武王曰:"予有乱臣②十人。"孔子曰:"才难,不其然乎?唐虞之际③,于斯④为盛。有妇人焉,九人而已。三分天下有其二⑤,以服事殷。周之德,其可谓至德也已矣。"

译文

舜有五位贤臣,就能治理好天下。周武王说:"我有十个帮助我治理国家的臣子。"孔子说:"人才难得,难道不是这样吗?唐尧和虞舜之间及周武王这个时期,人才是最兴盛的了。但周武王十个大臣当中有一个是妇女,实际上只有九个人而已。周文王得了天下的三分之二,但仍然事奉殷朝,周朝的道德,可以说是最高的了。"

---

①舜有臣五人:传说是禹、稷(jì)、契(xiè)、皋陶(gāo yáo)、伯益五人。②乱臣:《说文》:"乱,治也。"此处所说的"乱臣",应为"治国之臣"。

③唐虞之际：传说尧在位的时代叫唐，舜在位的时代叫虞。④斯：指周武王时期。⑤三分天下有其二：《逸周书·程典篇》说："文王合九州之侯，奉勤于商。"相传当时天下分下九州，文王得六州，所以称三分之二。

8.21 子曰："禹，吾无间①然矣。菲②饮食而致③孝乎鬼神，恶衣服而致美乎黻冕④，卑⑤宫室而尽力乎沟洫⑥。禹，吾无间然矣。"

译文

孔子说："对于禹，我没有什么可以挑剔了；他自己吃得很简单，却把好的食物拿去孝敬鬼神；他平时穿得很差，却在祭祀时穿得华美，他自己住的宫室很低矮，却尽自己的力量修治沟渠。对于禹，我确实没有什么可挑剔的了。"

---

①间：此处用作动词，意译为"挑剔"。②菲：菲薄，不丰厚。③致：致力、努力。④黻冕：fú miǎn，祭祀时穿的礼服叫黻；祭祀时戴的帽子叫冕。⑤卑：低矮。⑥沟洫：沟渠。

子罕篇第九

子罕篇中孔子感叹古代文化之丧失,生命如水之流逝,但坚持自己对道的追求:"三军可夺帅也,匹夫不可夺志也""岁寒,然后知松柏之后凋也。"文中还涉及孔子对礼和技艺的认识,孔子从历史发展的角度来认识礼,讲究权通,但又不失礼节之本,故斥责子路不知丧礼。文中还讲到孔子因小时贫贱而学多种技艺,但其认为技艺与君子治道无关。孔子称赞颜回之进,颜回感叹孔子之德高,师生之情溢于言表。

9.1 子罕①言利,与命与仁。

译文
孔子很少谈到利益,只与命运和仁德为伍。

---

①罕:做副词,稀少、很少。

9.2 达巷党人①曰:"大哉孔子!博学而无所成名。"子闻之,谓门弟子曰:"吾何执?执御乎?执射乎?吾执御矣。"

译文

达巷党这个地方的人说:"孔子真伟大啊!他学问渊博,可是没有成就名声的专长。"孔子听说后,对他的学生说:"我要专长于哪个方面呢?驾车呢?还是射箭呢?我还是驾车吧。"

---

①达巷党人:达巷是党名,古代五百家为一党。这是说达巷党这地方的人。

9.3 子曰:"麻冕①,礼也;今也纯②,俭③,吾从众。拜下④,礼也;今拜乎上,泰⑤也。虽违众,吾从下。"

译文

孔子说:"用麻布制成的礼帽,是符合于礼的规定。现在大家改用黑丝料,这样比较节省,我赞成大家的做法。(臣见国君)先要在堂下跪拜,然后升堂磕头。这也是符合于礼的。现在大家只升堂跪拜,这是骄纵的表现。虽然与大家的做法不一样,我还是主张先在堂下跪拜。"

---

①麻冕:一种麻布制成的礼帽。②纯:丝绸,指黑色的丝。③俭:俭省。④拜下:指臣子见国君,要在堂下先跪拜,然后升堂再磕头。⑤泰:这里指骄纵、傲慢。

9.4 子绝四——毋意①，毋必②，毋固③，毋我④。

译文

孔子杜绝了四种弊病——不随意猜疑，不绝对肯定，不固执己见，不唯我独是。

---

①意：同"臆"，猜想、猜疑。②必：必定。③固：固执己见。④我：这里指自私之心。

9.5 子畏于匡①，曰："文王②既没，文不在兹③乎？天之将丧斯文也，后死者④不得与⑤于斯文也；天之未丧斯文也，匡人其如予何⑥！"

译文

孔子被匡地的人们所拘囚时，他说："周文王死后，周代的礼乐文化不都在我这里吗？上天如果想要消灭这种文化，那么我就不可能掌握这种文化了；上天如果不想消灭这种文化，那么匡人又能把我怎么样呢？"

---

①畏于匡：匡，地名。畏，受到威胁。公元前496年，孔子从卫国到陈国去经过匡地。匡人曾受到鲁国阳虎的掠夺和残杀。因孔子的相貌与阳虎相像，匡人误以为孔子就是阳虎，所以将他拘禁。②文王：周文王，姓姬名昌，西周开国之君周武王的父亲，是孔子认为的古代圣贤之一。③兹：这里，指孔子自己。④后死者：孔子自谓。⑤与：yù，掌握。⑥如予何：奈我何，把我怎么样。

9.6 太宰①问于子贡曰:"夫子圣者与? 何其多能也?"子贡曰:"固天纵②之将圣,又多能也。"

子闻之,曰:"太宰知我乎? 吾少也贱,故多能鄙事③。君子多乎哉? 不多也。"

译文

太宰问子贡说:"孔夫子是位圣人吧? 为什么这样多才多艺呢?"子贡说:"这本是上天让他成为圣人,而且使他多才多艺。"

孔子听到后说:"太宰了解我吗? 我因为少年时贫贱,所以会许多卑贱的技艺。君子会有这么多的技艺吗? 没有这么多的。"

---

①太宰:官名,掌握国君宫廷事务。这里的太宰,有人说是吴国的太宰伯,但不能确认。②纵:让,使,不加限量。③鄙事:卑贱的事情。

9.7 牢①曰:"子云,'吾不试②,故艺。'"

译文

牢说:"孔子说过,'我不曾被任用,所以学得一些技艺。'"

---

①牢:郑玄说此人是孔子的学生,但在《史记·仲尼弟子列传》中未见此人。②试:用,被任用。

9.8 子曰:"吾有知乎哉? 无知也。有鄙夫①问于我,空空如也②。我叩③其两端④而竭⑤焉。"

译文

孔子说:"我有知识吗?其实没有知识。有一个乡下人问我,我对他谈的问题一点也不知道。我只是从问题的首尾两端去问,这样对此问题就可以全部搞清楚了。"

---

①鄙夫:指称乡下人、社会下层的人。②空空如也:指孔子自己心中不知道。③叩:叩问、询问。④两端:两头,指正反、始终、上下等两个方面。⑤竭:穷尽,尽力追究。

9.9 子曰:"凤鸟①不至,河不出图②,吾已矣夫!"

译文

孔子说:"凤凰飞不来了,黄河中也不出现八卦图了,我这一生也就完了吧!"

---

①凤鸟:古代传说中的一种神鸟。传说凤鸟在舜和周文王时代都出现过,它的出现象征着"圣王"将要出世。②河不出图:传说在上古伏羲氏时代,黄河中有龙马背负八卦图而出,它的出现也象征着"圣王"将要出世。

9.10 子见齐衰①者、冕衣裳者②与瞽③者,见之,虽少,必作④;过之,必趋⑤。

译文

孔子遇见穿丧服的人、贵族和盲人时,这些人虽然年轻,孔子也一定会站起来,从他们身边经过时,一定会快步走过。

①齐衰：zī cuī，丧服，古时用麻布制成。②冕衣裳者：冕，官帽。衣，上衣。裳，下服。冕衣裳，这里统指官服。冕衣裳者，指贵族。③瞽：gǔ，盲。④作：站起来，表示敬意。⑤趋：快步走，表示敬意。

9.11 颜渊喟①然叹曰："仰之弥②高，钻之弥坚。瞻③之在前，忽焉在后。夫子循循④然善诱人，博我以文，约我以礼。欲罢不能，既竭吾才，如有所立卓尔⑤。虽欲从之，末由⑥也已。"

译文

颜渊感叹地说："（对于老师的学问与道德）我抬头仰望，越望越觉得高；我努力钻研，越钻研越觉得不可穷尽。看着它好像在前面，忽然又像在后面。老师善于有次序地诱导我，用各种典籍来丰富我的知识，又用各种礼节来约束我的言行。我想停止学习都不可能，直到我用尽了我的全力，似乎有一个高大的东西立在我前面。虽然我想要追随上去，却没有前进的路了。"

①喟：叹气。②弥：更加。③瞻：看。④循循：有次序，有步骤。⑤卓尔：高大。⑥末由：末，没有。由，路径。

9.12 子疾病，子路使门人为臣①。病间②，曰："久矣哉，由之行诈也！无臣而为有臣。吾谁欺？欺天乎？且予与其死于臣之手也，无宁③死于二三子之手乎？且予纵不得大葬④，予死于道路乎？"

译文

孔子病重,子路让孔子的学生去作孔子的家臣,等孔子的病好了一些,他说:"仲由很久以来就干这种弄虚作假的事情。我明明没有家臣,却偏偏要装作有家臣,我骗谁呢?我骗上天吗?与其在家臣的侍候下死去,我宁可在你们这些学生的侍候下死去,这样不是更好吗?而且即使我不能以大夫之礼来安葬,难道就会死在路上吗?"

---

①为臣:臣,指家臣,总管。孔子当时不是大夫,没有家臣,但子路叫门人充当孔子的家臣,由此人负责总管安葬孔子之事。②病间:病情减轻。③无宁:宁可。"无"是发语词,没有意义。④大葬:大夫的葬礼。

9.13 子贡曰:"有美玉于斯,韫椟①而藏诸?求善贾②而沽③诸?"子曰:"沽之哉!沽之哉!我待贾者也。"

译文

子贡说:"这里有一块美玉,是把它收藏在柜子里呢?还是找一个识货的商人卖掉呢?"孔子说:"卖掉吧!卖掉吧!我正在等着识货的人呢。"

---

①韫椟:yùn dú,收藏物件的柜子。②善贾:识货的商人。③沽:gū,卖出去。

9.14 子欲居九夷①。或②曰:"陋③,如之何?"子曰:"君子居之,何陋之有?"

译文

孔子想要搬到九夷去住。有人说:"那里非常落后闭塞,怎么能住呢?"孔子说:"有君子去住,就不闭塞落后了。"

---

①九夷:古时候对于东方少数民族的通称。②或:有人。③陋:鄙野,文化闭塞,不开化。

9.15 子曰:"吾自卫反鲁①,然后乐正②,《雅》《颂》③各得其所。"

译文

孔子说:"我从卫国回到鲁国,才把乐曲的篇章进行整理,使雅乐和颂乐各有其适当的位置。"

---

①自卫反鲁:公元前484年(鲁哀公十一年)冬,孔子从卫国返回鲁国,结束了14年游历不定的生活。②乐正:整理乐曲的篇章。③《雅》《颂》:既指《诗经》中不同的诗的名称,也指雅乐、颂乐等不同乐曲名称。

9.16 子曰:"出则事公卿,入则事父兄,丧事不敢不勉,不为酒困,何有于我哉?"

译文

孔子说:"在外事奉公卿,在家孝敬父兄,有丧事不敢不尽力去办,不被酒所困,这些事对我来说有什么困难呢?"

9.17 子在川上曰:"逝者如斯夫!不舍①昼夜。"

译文

孔子在河边说:"消逝的时光就像这河水一样啊,日夜都不停留。"

---

①舍:这里作动词,居住、停留的意思。

9.18 子曰:"吾未见好德如好色者也。"

译文

孔子说:"我从来没见过喜欢道德超过喜欢美貌的人。"

9.19 子曰:"譬如为山,未成一篑①,止,吾止也。譬如平地,虽覆一篑,进,吾往也。"

译文

孔子说:"比如用土堆成山,只差一筐土就完成了,此时停下来,这是我自己要停下来的;又比如在平地上堆山,虽然只倒下一筐土,此时继续前进,这是我自己要前进的。"

①篑：kuì，土筐。

9.20 子曰："语之而不惰者，其回也与！"

译文

孔子说："听我说话而能毫不懈怠的，恐怕只有颜回吧！"

9.21 子谓颜渊曰："惜乎！吾见其进也，未见其止也。"

译文

孔子评价颜渊说："可惜呀！我只看见他不断前进，从来没有看见他停止过。"

9.22 子曰："苗而不秀①者有矣夫！秀而不实者有矣夫！"

译文

孔子说："庄稼出了苗却不能吐穗扬花的情况是有的吧！吐穗扬花而不结果实的情况也有吧！"

①秀：稻、麦等庄稼吐穗扬花叫秀。

9.23 子曰:"后生可畏,焉知来者之不如今也?四十、五十而无闻焉,斯亦不足畏也已。"

译文

孔子说:"年轻人是值得敬畏的,怎么就知道后一代不如前一代呢?如果到了四五十岁时还默默无闻,那他就没有什么可以敬畏的了。"

9.24 子曰:"法语之言,能无从乎?改之为贵。巽与之言①,能无说②乎?绎③之为贵。说而不绎,从而不改,吾末④如之何也已矣。"

译文

孔子说:"严肃而合乎礼法的话,能够不听从吗?改正自己的错误才是可贵的。恭顺赞许的话,谁能听了不高兴呢?认真推究一下,才是可贵的。只是一味高兴而不去分析,只是表示听从而不改正错误,(对这样的人)我拿他实在是没有什么办法了。"

---

①巽与之言:巽,xùn,恭顺、谦逊。与,称许、赞许。意思是谦恭赞许的话。②说:同"悦"。③绎:原义为"抽丝",这里指推究、分析。④末:没有。

9.25 子曰:"主①忠信,毋友②不如己者,过③则勿惮④改。"

译文

孔子说:"以忠信为主,不要学习别人不如自己的地方。有了过错,就不要怕改正。"

---

①主:以……为主。②友:名词作动词,以……为友,意为接触、学习。③过:名词作动词,有了过错。④惮:怕。

9.26 子曰:"三军①可夺帅也,匹夫②不可夺志也。"

译文

孔子说:"一国的军队,可以夺去它的主帅,但一个男子汉,他的志向是不能强迫改变的。"

---

①三军:按照周朝的制度,诸侯中的大国可以拥有军队三军。这里指大国包括所有的军队。②匹夫:平民百姓,主要指男子。

9.27 子曰:"衣①敝缊袍②,与衣狐貉③者立,而不耻者,其由也与?'不忮不求,何用不臧④?'"子路终身诵之。子曰:"是道也,何足以臧?"

译文

孔子说:"穿着破旧的丝棉袍子,与穿着狐貉皮袍的人站在一起而不认为是可耻的,大概只有仲由吧!《诗经》上说:'不嫉妒,不贪求,为什么说不好呢?'"子路听后,反复背诵这句诗。孔子又说:"只做到这样,怎么能说够好呢?"

---

①衣:这里作动词,穿的意思。②敝缊袍:敝,坏。缊,yùn,旧的丝棉絮。这里指破旧的丝棉袍。③狐貉:貉,hé。用狐和貉的皮做的裘皮衣服。④不忮不求,何用不臧:见《诗经·邶风·雄雉》篇。忮,zhì,害的意思。臧,善、好。

9.28 子曰:"岁寒,然后知松柏之后凋①也。"

译文

孔子说:"到了寒冷的季节,才知道松柏是最后凋谢的。"

---

①凋:零落。

9.29 子曰:"知者不惑,仁者不忧,勇者不惧。"

译文

孔子说:"聪明的人不会迷惑,仁德的人不会忧愁,勇敢的人不会畏惧。"

9.30 子曰:"可与共学,未可与适道①;可与适道,未可与立②;可与立,未可与权③。"

译文

孔子说:"可以一起学习的人,未必都可以同他一起追求道;

可以一起追求道的人，未必都可以一起事事依礼而行；可以一起事事依礼而行的人，未必都可以权衡轻重。"

①适道：适，往。这里是志于道，追求道的意思。②立：这里指事事依礼而行。③权：秤锤。这里引申为权衡轻重。

9.31 "唐棣①之华，偏其反而②。岂不尔思？室是远而③。"子曰："未之思也，夫何远之有？"

译文

（古代有一首诗这样写道）"唐棣的花朵啊，翩翩地摇摆。我难道不思念你吗？只是由于家住的地方太远了。"孔子说："他是没有真的思念，如果真的思念，有什么远的呢？"

①唐棣：棣，dì。一种植物，属蔷薇科，落叶灌木。②偏其反而：偏，通"翩"，随风摆动。形容花摇动的样子。③室是远而：只是住的地方太远了。

乡党篇第十

乡党篇主要谈孔子时刻遵循"礼"的各个方面。处于不同场合，位于不同地点，与不同人交际，孔子的言行举止不同，但却与"礼"一致。如在地方上，则温和恭敬；在宗庙朝廷，则谨言慎辞；出使别国、接见外宾不失其礼数。在日常生活中，孔子衣食住行等方面都十分讲究，什么场合穿什么衣服，吃饭时对食物和行为都有要求，如"食不语，寝不言"，坐行亦有要求："席不正，不坐""升车，必正立，执绥"等。无论何时何地，他都要以"礼"来要求自己。文中记载了马厩着火一事，孔子最先关心的是人有没有受伤，体现了孔子对生命的重视。

10.1 孔子于乡党①，恂恂②如也，似不能言者。其在宗庙朝廷，便便③言，唯谨尔。

译文
孔子在本乡的地方上显得很温和恭敬，像是不能说话的样子。但他在宗庙和朝廷上，却很善于言辞，只是说得比较谨慎而已。

①乡党：父兄、宗庙之所在地，也即本乡本土。古代一万二千五百家为乡，五百家为党。②恂恂：xún，温和恭顺。③便便：pián，善于辞令。

10.2 朝，与下大夫言，侃侃①如也；与上大夫言，訚訚②如也。君子，踧踖③如也，与与④如也。

译文

（孔子）上朝的时候，同下大夫说话，温和而快乐的样子；同上大夫说话，正直而公正的样子。国君临朝听政，恭敬而心中不安的样子，但仪态适中。

①侃侃：说话理直气壮，不卑不亢，温和快乐的样子。②訚訚：yín，正直而又能直言争辩。③踧踖：cú jí，恭敬而不安的样子。④与与：仪态适中的样子。

10.3 君召使摈①，色勃如也②，足躩③如也。揖所与立，左右手，衣前后，襜④如也。趋⑤进，翼如也⑥。宾退，必复命曰："宾不顾⑦矣。"

译文

国君召唤孔子去接待宾客，孔子脸色立即庄重起来，脚步也快起来。他向和他站在一起的人作揖，手向左或向右作揖，衣服前后摆动，却整齐不乱。快步走的时候，像鸟儿展开双翅一样。宾客走后，必定向君主回报说："客人已经不回头了。"

①摈：bìn，接待宾客。②色勃如也：脸色庄重的样子。③足躩：躩，jué。足躩，指脚步快的样子。④襜：chān，整齐的样子。⑤趋：快步走。⑥翼如也：如鸟儿展翅一样。⑦顾：回头。

10.4 入公门，鞠躬如①也，如不容。立不中门，行不履阈②。过位③，色勃如也，足躩如也，其言似不足者。摄齐④升堂，鞠躬如也，屏气似不息者。出，降一等⑤，逞⑥颜色，怡怡如也。没⑦阶，趋进，翼如也。复其位，踧踖如也。

译文

孔子走进朝廷的大门，谨慎而恭敬的样子，好像没有他的容身之地。站，他不站在门的中间；走，也不踩门坎。经过国君的座位时，他脸色立刻庄重起来，脚步也加快起来，说话也好像中气不足一样。提起衣服下摆向堂上走的时候，恭敬谨慎的样子，憋住气好像不呼吸一样。退出来，走下台阶，脸色便舒展开了，怡然自得的样子。走完了台阶，快步地向前走，像鸟儿展翅一样。回到自己的位置，恭敬不安的样子。

①鞠躬如：谨慎而恭敬的样子。②履阈：阈，yù，门槛。履阈，脚踩门坎。③过位：经过国君的座位。④摄齐：齐，zī，衣服的下摆。摄，提起。摄齐，指提起衣服的下摆。⑤降一等：从台阶上走下一级。⑥逞：舒展开，松口气。⑦没：mò，走完。

10.5 执圭①,鞠躬如也,如不胜。上如揖,下如授。勃如战色②,足蹜蹜③如有循④。享礼,有容色。私觌⑤,愉愉如也。

译文

(孔子出使别的诸侯国)拿着圭恭敬谨慎,像是举不起来。向上举时好像在作揖,放在下面时好像是给人递东西。脸色庄重,战战兢兢,脚步也紧凑狭小,好像沿着一条直线往前走。在举行赠送礼物的仪式时,显得和颜悦色。用私人身份和外国国君会见时,就更轻松愉快了。

---

①圭:guī,古代帝王或诸侯在举行典礼时拿的一种上圆下方的玉器。举行典礼时,不同身份的人拿着不同的圭。出使邻国,大夫拿着圭作为代表君主的凭信。②战色:战战兢兢的样子。③蹜蹜:蹜,sù。举脚密而狭的样子。④如有循:循,沿着。好像沿着一条直线往前走一样。⑤享礼:享,献上。指向对方贡献礼物的仪式。使者受到接见后,接着举行献礼仪式。⑥觌:dí,会见。

10.6 君子不以绀緅饰①,红紫不以为亵服②。当暑,袗絺绤③,必表而出之。缁衣④,羔裘⑤;素衣,麑⑥裘;黄衣,狐裘。亵裘长,短右袂⑦。必有寝衣⑧,长一身有半。狐貉之厚以居⑨。去丧,无所不佩。非帷裳,必杀之。羔裘玄冠不以吊。吉月⑩,必朝服而朝。

译文

君子不用深青透红或黑中透红的布镶边,不用红色或紫色的布做平常在家穿的衣服。夏天穿粗的或细的葛布单衣,但一定要套在衬衫外面。黑色的羔羊皮袍,配黑色的罩衣;白色的鹿皮袍,配白色的罩衣;黄色的狐皮袍,配黄色的罩衣。平常在家穿的皮袍做得长一些,右边的袖子短一些。睡觉一定要有被子,要有一身半长。用狐貉的厚毛皮做坐垫。丧服期满,脱下丧服后,便佩带上各种各样的装饰品。如果不是礼服,一定要加以剪裁。不穿着黑色的羔羊皮袍和戴着黑色的帽子去吊丧。正月初一,一定要穿着礼服去朝拜君主。

---

①绀缅饰:绀,gàn,深青透红,斋戒时礼服的颜色。缅,zōu,黑中透红,祭祀时礼服的颜色。饰,镶边。②红紫不以为亵服:亵,xiè。亵服,平时在家里穿的衣服。在古代,红紫属于贵重颜色,不用于平常所穿衣服。③袗绤绤:袗,zhěn,单衣。绤,chī,细葛布。绤,xì,粗葛布。这里是说,穿粗的或细的葛布单衣。④缁衣:黑色的衣服。缁,zī,黑色。⑤羔裘:羔皮衣。古代的羔裘都是黑羊皮,毛皮向外。⑥麑:ní,小鹿,其毛为白色。⑦短右袂:袂,mèi,袖子。右袖短一点,便于做事。⑧寝衣:被子。⑨居:坐。⑩吉月:大年初一。

10.7 齐①,必有明衣②,布。齐必变食③,居必迁坐④。

译文

斋戒沐浴的时候,一定要有浴衣,是用布做的。斋戒的时候,一定要改变平常的饮食,居住也一定要迁移地方。

①齐：同"斋"，斋戒。古人祭祀前必须斋戒，斋戒前必须沐浴。②明衣：斋前沐浴后穿的浴衣。③变食：改变平常的饮食。指不饮酒，不吃葱、蒜等有刺激味的东西。④居必迁坐：把卧室从内室迁到外室，不和妻妾同房。

10.8 食不厌精，脍①不厌细。食饐②而餲③，鱼馁④而肉败⑤，不食。色恶，不食。臭恶，不食。失饪⑥，不食。不时⑦，不食。割不正⑧，不食。不得其酱，不食。肉虽多，不使胜食气⑨。唯酒无量，不及乱⑩。沽酒市脯⑪不食。不撤姜食，不多食。

译文

粮食不嫌舂得精，鱼和肉不嫌切得细。粮食陈旧变味了，鱼和肉腐烂了，都不吃。食物的颜色不好看，不吃。气味不好闻，不吃。烹调不得当，不吃。食物不应时，不吃。肉切得不方正，不吃。佐料放得不适当，不吃。席上的肉虽多，但吃的量不超过主食的量。只有酒没有限制，但不喝醉。从市场上买来的酒和肉干，不吃。吃完后，姜不撤除，但也不多吃。

①脍：kuài，切细的鱼、肉。②饐：yì，陈旧。③餲：ài，变味了。④馁：něi，鱼腐烂。⑤败：肉腐烂。⑥饪：烹调制作饭菜。⑦不时：应时，时鲜。⑧割不正：肉切得不方正。⑨气：同"饩"，xì，即粮食。⑩不及乱：乱，指酒醉。不到酒醉时。⑪脯：fǔ，熟肉干。

10.9 祭于公，不宿肉①。祭肉②不出三日，出三日，不食之矣。

译文

孔子参加国君祭祀典礼时分到的肉，不能留到第二天。其他祭祀用过的肉不超过三天，超过三天，就不吃了。

---

①不宿肉：不让肉过夜。古代大夫参加国君祭祀以后，可以得到国君赐的祭肉。但祭祀活动一般要持续二三天，所以这些肉就已经不新鲜，不能再过夜了。②祭肉：指其他祭祀用的肉。

10.10 食不语，寝不言。

译文

吃饭的时候不说话，睡觉的时候也不说话。

10.11 虽疏食菜羹①，瓜祭②，必齐③如也。

译文

即使是粗米饭蔬菜汤，吃饭前也要把它们取出一些来祭祖，而且表情要像斋戒时那样严肃恭敬。

---

①菜羹：用菜做成的汤。②瓜祭：古人在吃饭前，把席上各种食品分出少许，放在食具之间祭祖。③齐：同"斋"。

10.12 席①不正,不坐。

译文

席子摆的方向不合礼制,不坐。

---

①席:铺在地上的席子,古代无椅子和板凳。

10.13 乡人饮酒①,杖者②出,斯出矣。

译文

行乡饮酒的礼仪结束后,(孔子)一定要等老年人先出去,然后自己才出去。

---

①乡人饮酒:指当时的乡饮酒礼。②杖者:拿拐杖的人,指老年人。

10.14 乡人傩①,朝服而立于阼阶②。

译文

乡里人举行迎神驱鬼的宗教仪式时,孔子总是穿着朝服站在东边的台阶上。

---

①傩:nuó,古代迎神驱鬼的宗教仪式。②阼阶:阼,zuò,东面的台阶。主人立在大堂东面的台阶,在这里欢迎客人。

10.15 问①人于他邦,再②拜③而送之。

译文

(孔子)托人向在其他诸侯国的朋友问候,向受托者拜两次给他送行。

---

①问:问候。古人在问候时往往要致送礼物,以表情意。②再:两次。③拜:拱手且弯腰。

10.16 康子馈药,拜而受之。曰:"丘未达,不敢尝。"

译文

季康子给孔子送药,孔子拜谢之后接受了,说:"我对药性不了解,不敢尝。"

10.17 厩①焚。子退朝,曰:"伤人乎?"不问马。

译文

马棚失火烧掉了。孔子退朝回来,说:"伤到人了吗?"不问马的情况怎么样。

---

①厩:马棚。

10.18 君赐食，必正席先尝之。君赐腥①，必熟而荐②之。君赐生，必畜之。侍食于君，君祭，先饭。

译文

国君赐给熟食，孔子一定摆正座席先尝一尝。国君赐给生肉，一定煮熟了，先给祖宗上供。国君赐给活物，一定要饲养起来。同国君一道吃饭，在国君举行饭前祭礼的时候，自己先吃饭。

---

①腥：指生肉。②荐：供奉。这种供奉不是祭祀。

10.19 疾，君视之，东首①，加朝服，拖绅②。

译文

孔子病了，国君来探望他，他便头朝东躺着，身上盖上朝服，拖着大带子。

---

①东首：头朝东。②绅：束在腰间的大带子。

10.20 君命召，不俟驾行矣。

译文

国君召见（孔子），他不等车马驾好就先步行走去了。

10.21 入太庙①，每事问。

译文

孔子到了太庙,每件事情都发问。

---

①太庙:古代开国始祖的宗庙,周公旦是鲁国的始祖,所以这里的太庙就是周公的庙。

10.22 朋友①死,无所归,曰:"于我殡②。"

译文

(孔子的)朋友死了,没有人负责敛埋,孔子说:"丧事由我来办吧。"

---

①朋友:指与孔子志同道合的人。②殡:停放灵柩和埋葬都可以叫殡,这里是泛指丧葬事务。

10.23 朋友之馈,虽车马,非祭肉,不拜。

译文

朋友馈赠的物品,即使是车马,只要不是祭肉,(孔子在接受时)也是不行礼的。

10.24 寝不尸,居不客。

译文

(孔子)睡觉不像死尸一样直躺着,平日在家,也不像做客或接待客人时那样庄重严肃。

10.25 见齐衰①者，虽狎②，必变。见冕者与瞽者③，虽亵④，必以貌。凶服⑤者式⑥之。式负版者⑦。有盛馔⑧，必变色而作⑨。迅雷风烈必变。

译文

（孔子）看见穿丧服的人，即使是关系很亲密的，也一定要把态度变得严肃起来。看见当官的和盲人，即使是常在一起的，也一定要有礼貌。在乘车时遇见穿丧服的人，便俯伏在车前横木上（以示同情）。遇见背负国家图籍的人，也这样做（以示敬意）。（作客时）如果有丰盛的筵席，一定要神色改变，并站起来致谢。遇见迅雷大风，一定要改变神色（以示对上天的敬畏）。

①齐衰：zī cuī，指丧服。②狎：xiá，亲近的意思。③瞽者：盲人，指乐师。④亵：xiè，常见、熟悉。⑤凶服：丧服。⑥式：同"轼"，指古代车辆前部的横木。这里作动词用。遇见地位高的人或其他人时，驭手身子向前微俯，伏在横木上，以示尊敬或者同情。这在当时是一种礼节。⑦负版者：背负国家图籍的人。当时无纸，用木版来书写，故称"版"。⑧馔：zhuàn，饮食。⑨作：站起来。

10.26 升车，必正立，执绥①。车中，不内顾②，不疾言③，不亲指④。

译文

（孔子）上车时，一定先直立站好，然后拉着扶手带上车。在车里,不回头看,不很快地说话,不用手指指点点。

---

①绥:suí,上车时扶手用的索带。②内顾:回头看。③疾言:很快地说话。④亲指:用自己的手指划。

10.27 色斯举矣①,翔而后集②。曰:"山梁雌雉③,时哉时哉④!"子路共⑤之,三嗅⑥而作。

译文

孔子在山谷中行走,看见一群野鸡。孔子神色动了一下,野鸡飞翔了一阵落在树上。孔子说:"这些山梁上的母野鸡,得其时呀!得其时呀!"子路向他们拱拱手,它们张开翅膀飞走了。

---

①色斯举矣:色,脸色。举,鸟飞起来。②翔而后集:飞翔一阵,然后落到树上。③山梁雌雉:聚集在山梁上的母野鸡。④时哉时哉:得其时呀!得其时呀!这是说野鸡时运好,能自由飞翔,自由落下。⑤共:同"拱",拱手。⑥嗅:嗅应为"狊"字之误。狊,jù,鸟张开两翅的样子。

先进篇第十一

先进篇是孔子和十位得意门生之间的对话，以及孔子评价他们的言论。谈话内容涉及德行、言语、政事、文学、孝行等方面，其中颜回是孔子极为赞扬的弟子，孔子指出了颜回好学、居贫等长处，故文中提及颜回死时，孔子伤痛欲绝之情形。孔子对弟子的不足处也不隐晦，如直呼弟子声讨冉求，亦指出颜回之不足，体现了孔子知人之能。此章孔子"吾与点也"之乐对宋明理学中的"孔颜之乐"问题产生了巨大的影响，这体现了孔子的审美理想，即在欣赏自然之景，体验人生之乐，这是人与自然、社会和谐的天人合一的境界。文中孔子提出的"未知生，焉知死"的生死观对中国人的影响也很大。

11.1 子曰："先进于礼乐①，野人②也。后进于礼乐③，君子也。如用之，则吾从先进。"

译文

孔子说："先学习礼乐而后做官的人，是普通平民；先做官，后学习礼乐的人，是卿大夫的子弟。如果选用人才，那我就要选用先学习礼乐的人。"

---

①先进于礼乐：指先学习礼乐而后做官的人。关于"先进""后进"历来都有很多解释，我们采用刘宝楠《论语正义》之说，它符合孔门"学而优则仕"的观点。②野人：这里指没有官爵的人。③后进于礼乐：与"先进于礼乐"相对而言，指先做官，为了统治的需要，再去学习礼乐的人。

11.2 子曰："从我于陈、蔡者①，皆不及门也②。"

译文

孔子说："跟随我从陈国到蔡国遭难忍饥挨饿的学生们，现在都不在我身边了。"

---

①从我于陈、蔡者：指孔子周游列国，在陈国、蔡国之间受困绝粮时跟随他的弟子们。公元前489年，孔子和他的弟子，在由陈国去蔡国的途中，被陈国百姓包围，绝粮七天，许多弟子饿得不能行走，后被楚国搭救。当时跟随孔子的有子路、子贡、颜渊等弟子。②皆不及门也：都不在我这里了。门：门下。

11.3 德行①：颜渊，闵子骞，冉伯牛，仲弓。言语②：宰我，子贡。政事③：冉有，季路。文学④：子游，子夏。

译文

（孔子认为学生中）德行好的有：颜渊，闵子骞，冉伯牛，仲弓。擅长言辞的有：宰我，子贡。擅长政事的有：冉有，季路。通晓古代文献的有：子游，子夏。

---

①德行：指能实行孝悌、忠恕等道德。这一章是孔子对十个学生特长的叙述，由弟子转述记载了下来。②言语：指长于辞令，能办理外交。③政事：指能按周礼的要求从事政事活动。④文学：指通晓诗、书、礼、乐、文章等古代文献。

11.4 子曰："回也非助我者也，于吾言无所不说①。"

译文

孔子说："颜回不是对我有所帮助的人，因为他对于我所说的话，没有一句不是不喜欢的。"

---

①说：同"悦"，喜悦。

11.5 子曰："孝哉闵子骞！人不间于其父母昆弟之言。"

译文

孔子说："闵子骞真孝顺呀！人们对他的父母和兄弟称赞他的话从不挑剔。"

11.6 南容三复白圭①，孔子以其兄之子妻②之。

译文

南容反复诵读"白圭之玷,尚可磨也;斯言之玷,不可为也",孔子就把他的侄女嫁给了南容。

---

①南容三复白圭:圭,guī。南容反复诵读有关白圭的几句诗,"白圭之玷,尚可磨也;斯言之玷,不可为也。"南容:姓南宫,名适,字子容,春秋鲁国人,生卒年不详。孔子的学生。三复:多次反复。白圭:国君和大臣们行礼时拿在手中的珍贵而莹洁的玉器。②妻:妻,qì。这里名词活用为动词,嫁的意思。

11.7 季康子问:"弟子孰为好学?"孔子对曰:"有颜回者好学,不幸短命死矣。今也则亡。"

译文

季康子问孔子:"你的学生中谁好学?"孔子回答说:"有个叫颜回的好学,可惜短命死了。现在再也没有像他那样好学的人了。"

11.8 颜渊死,颜路①请子之车以为之椁②。子曰:"才不才,亦各言其子也。鲤③也死,有棺而无椁。吾不徒行以为之椁。以吾从大夫之后④,不可徒行也。"

译文

颜渊死了,他的父亲颜路请求孔子把车子卖掉给颜回买个外椁。孔子说:"不管有才华还是没有才华,但都是各人自己的儿子呀。（我的儿子）孔鲤死时，也只有内棺而没有外椁。我不能（卖掉车子）徒步行走来为他买外椁，因为我也曾做过大夫，是不可以步行的呀。"

①颜路：颜回的父亲，名无繇（yóu），字路，也是孔子的学生，比孔子小六岁。②椁：guǒ，古代有地位的人的棺木多是两层，里层的叫"棺"，外层的叫"椁"。③鲤：孔子的儿子，字伯鱼。④从大夫之后：跟随在大夫行列之后，意即当过大夫。孔子曾在鲁国当过司寇，此时虽已不在位，但应属大夫之列。按礼制，大夫出门必须乘车。

11.9 颜渊死。子曰："噫！天丧予！天丧予！"

译文

颜渊死了。孔子说："啊！老天爷要我的命呀！老天爷要我的命呀！"

11.10 颜渊死，子哭之恸①。从者曰："子恸矣！"曰："有恸乎？非夫人之为恸而谁为②？"

译文

颜渊死了，孔子哭得十分悲痛。跟随孔子的人说："您悲痛过分了。"孔子说："悲痛吗？我不为这样的人悲痛，还为什么人悲痛呢？"

①恸：tòng，极度悲痛，伤心。②非夫人之为恸而谁为：我不为这样的

人悲痛，还为谁悲痛呢？夫人：这样的人。"夫人"是介词"为"的前置宾语。谁为：为谁。谁，疑问代词作介词"为"的前置宾语。

11.11 颜渊死，门人欲厚葬之。子曰："不可。"门人厚葬之。子曰："回也视予犹父也，予不得视犹子也。非我也，夫二三子也。"

译文

颜渊死了，孔子的学生们打算隆重地安葬他。孔子说："不能这样做。"但学生们还是隆重地安葬了颜渊。孔子说："颜回呀！你把我当父亲一样看待，但我却不能把你当儿子一样看待。（这种违背礼制的埋葬）不是我的意思，是你那帮同学干的呀。"

11.12 季路[①]问事鬼神。子曰："未能事人，焉[②]能事鬼？"曰："敢[③]问死？"曰："未知生，焉知死？"

译文

子路问孔子怎么样侍奉鬼神。孔子说："活人都还没有侍奉好，哪里谈得上侍奉鬼神呢？"子路又问："我大胆地问老师，死是怎么回事？"孔子说："还不知道活的道理，怎么能够懂得死呢？"

[①]季路：即仲由。字子路，又名季路。[②]焉：怎么，疑问代词。[③]敢：大胆地，斗胆地，表敬副词。

11.13 闵子①侍侧,訚訚②如也;子路,行行③如也;冉有、子贡,侃侃如也。子乐。"若由也,不得其死然④。"

译文

闵子骞侍立在孔子身旁,温和而正直的样子;子路,刚强威猛的样子;冉有、子贡,安详从容的样子。孔子很高兴。(但又说)"像仲由这样,只怕不得好死吧。"

---

①闵子:即闵子骞。②訚訚:yín,中正、和悦。③行行:hàng,刚强。④不得其死然:只怕不得好死吧。

11.14 鲁人为长府①。闵子骞曰:"仍旧贯②,如之何?何必改作?"子曰:"夫人不言,言必有中③。"

译文

鲁国翻修长府。闵子骞说:"依照原来的样子,怎么样?何必一定要改造呢?"孔子说:"这个人平时不怎么说话,一说话一定中肯、合理。"

---

①鲁人:指鲁国的执政大臣。府:古代国家储藏财物或文书的地方。②仍旧贯:沿袭旧规则。③言必有中:中,zhòng,指说话必定中肯、合理。

11.15 子曰:"由之瑟①奚为②于丘之门?"门人不敬子路。子曰:"由也升堂矣,未入于室也③。"

译文

孔子说:"仲由弹瑟,为什么会在我的门下呢?"学生们因此而轻视子路。孔子又说:"仲由的学问也已经达到了升堂的程度,只是还没有入室罢了。"

---

①瑟:古代乐器,与古琴相似。这里指弹瑟。②奚为:为什么。③堂:正厅。室:内室。入门后先升堂,最后到内室。这里表示做学问的几个阶段。

11.16 子贡问:"师与商①也孰贤?"子曰:"师也过,商也不及。"曰:"然则师愈②与?"子曰:"过犹不及。"

译文

子贡问:"子张和子夏,谁更好一些?"孔子说:"子张有些过分,子夏有些赶不上。"子贡说:"那么说子张要好一些了?"孔子说:"过分和赶不上都不好。"

---

①师:姓颛孙,名师,字子张,春秋末陈国阳城(今河南淮阳)人,小孔子48岁。商:姓卜,名商,字子夏,春秋末卫国人。②愈:胜过,更好。

11.17 季氏富于周公,而求也为之聚敛而附益①之。子曰:"非吾徒也。小子②鸣鼓③而攻之,可也。"

译文

季孙氏比周公还富有,而作为季孙氏家宰的冉求还要帮助他搜刮，使他的财富更增益。孔子说："冉求这种人已不再是我的门徒了，你们这些学生可以大张旗鼓地去声讨他。"

---

①聚：积聚，收集。敛：聚集。特指聚集财物。附：增益。益：增加。②小子：孔子称学生为"小子"。③鸣鼓：敲鼓。

11.18 柴①也愚，参也鲁②，师也辟③，由也喭④。

译文

高柴愚笨，曾参迟钝，颛孙师偏激，仲由鲁莽。

---

①柴：姓高，名柴，字子羔。孔子的学生。②鲁：迟钝、钝拙。③辟：pì，偏激。④喭：yàn，鲁莽、莽撞。

11.19 子曰："回也其庶①乎，屡空②。赐不受命③，而货殖④焉，亿⑤则屡中。"

译文

孔子说："颜回的学问算还可以吧，可是他经常短衣缺食。端木赐不相信天命，去做买卖，可他猜测行情，每每都能猜中。"

---

①庶：庶几，差不多。②屡空：经常空匮。指缺衣短食非常贫穷。③赐不受命：赐，即端木赐。不受命，不听命运安排。意思是端木赐不听从命运安排。④货殖：囤积货财以谋利。即经商，做买卖。⑤亿：同"臆"，猜测、估计。

11.20 子张问善人之道。子曰:"不践①迹,亦不入于室②。"

译文

子张问做善人的方法。孔子说:"不踩着别人的脚印走,学问和道德也不能到家。"

①践:依循,依照。②入于室:比喻学问精深的程度。

11.21 子曰:"论笃是与①,君子者乎?色庄者乎?"

译文

孔子说:"赞许言论笃实的人,是真正的君子呢?还是外表伪装庄重的人呢?"

①论笃是与:赞许言论笃实的人。"论笃"是动词"与"的宾语,由于强调而前置。"是"是标志宾语前置的助词。笃:笃实,朴实。

11.22 子路问:"闻斯行诸?"子曰:"有父兄在,如之何闻斯行之?"冉有问:"闻斯行诸?"子曰:"闻斯行之。"公西华曰:"由也问闻斯行诸,子曰,'有父兄在';求也问闻斯行诸,子曰,'闻斯行之'。赤也惑,敢问。"子曰:"求也退,故进之;由也兼人,故退之。"

译文

子路问:"听到了就行动吗?"孔子说:"有父兄健在,怎么能够听到了(不向他们请示),就行动呢?"冉有问:"听到了就行动吗?"孔子说:"听到了就行动。"公西华说:"仲由问'听到了就行动吗',老师说'有父兄健在(不能这么做)';冉求问'听到了就行动吗',老师却说'听到了就行动'。(您的回答)使我迷惑不解,我斗胆地问这是怎么回事?"孔子说:"冉求做事退缩,所以我就鼓励他。仲由胆子大,敢作敢为,所以我要约束他。"

11.23 子畏于匡[①],颜渊后。子曰:"吾以女为死矣。"曰:"子在,回何敢死?"

译文

孔子在匡地受到一群人的围困,颜渊是最后逃出来的。孔子说:"我以为你已经死了呢。"颜渊说:"老师您还活着,我怎么敢死呢?"

[①]子畏于匡:孔子被匡地民众围困。公元前496年,孔子自卫去陈时,经过匡地,因为他长相像掠夺、残杀过匡人的鲁国人阳虎,所以被匡人围困拘禁了五天。

11.24 季子然[①]问:"仲由、冉求可谓大臣与?"子曰:"吾以子为异之问,曾由与求之问。所谓大臣者,以道事君,不可则止。今由与求也,可谓具臣[②]矣。"曰:"然则从之者与?"子曰:"弑[③]父与君,亦不从也。"

译文

季子然问孔子:"仲由和冉求可以算得上大臣吗?"孔子说:"我以为你是问别的呢,原来是问仲由和冉求啊。所谓大臣,应该用正道侍奉君主,如果行不通,就可辞职不干。现在仲由和冉求,只能算是具有才能的臣子罢了。"季子然说:"那么他们会一切听从君主的吗?"孔子说:"杀父、杀君的事,他们是不会听从的。"

---

①季子然:鲁国大夫季氏的同族人,当时仲由、冉求为季氏的家臣。②具臣:备位充数的臣子。③弑:shì,臣杀君,子杀父叫"弑"。

11.25 子路使子羔为费宰。子曰:"贼①夫人②之子。"子路曰:"有民人焉,有社稷③焉。何必读书,然后为学?"子曰:"是故恶夫佞④者。"

译文

子路让子羔去做费县的县长。孔子说:"这是害别人的儿子。"子路说:"那个地方有百姓,有土地和五谷,为什么一定要读书才能算学习呢?"孔子说:"所以,我讨厌巧言谄媚的人。"

---

①贼:害。②夫人:那个人。夫,代词。③社稷:社,土神。稷,谷神。后"社稷"成为国家政权的象征。④佞:nìng,善辩、巧言谄媚。

11.26 子路、曾皙①、冉有、公西华侍坐。

子曰:"以吾一日长乎尔②,毋吾以也。居③则曰:

'不吾知也!'如或知尔,则何以哉④?"

子路率尔⑤而对曰:"千乘之国,摄⑥乎大国之间,加之以师旅,因之以饥馑;由也为之,比及⑦三年,可使有勇,且知方⑧也。"

夫子哂⑨之。

"求!尔何如?"

对曰:"方六七十⑩,如⑪五六十,求也为之,比及三年,可使足民。如其礼乐,以俟君子。"

"赤!尔何如?"

对曰:"非曰能之,愿学焉。宗庙之事⑫,如会同⑬,端章甫⑭,愿为小相⑮焉。"

"点!尔何如?"

鼓瑟希⑯,铿尔,舍瑟而作⑰,对曰:"异乎三子者之撰。"

子曰:"何伤乎?亦各言其志也。"

曰:"莫⑱春者,春服既成,冠者⑲五六人,童子六七人,浴乎沂⑳,风乎舞雩㉑,咏而归。"

夫子喟然叹曰:"吾与点也!"

三子者出,曾皙后,曾皙曰:"夫三子者之言何如?"

子曰:"亦各言其志也已矣。"

曰:"夫子何哂由也?"

曰:"为国以礼。其言不让,是故哂之。"

"唯求则非邦也与?"

"安见方六七十如五六十而非邦也者？"

"唯[②]赤则非邦也与？"

"宗庙会同，非诸侯而何？赤也为之小，孰能为之大？"

译文

子路、曾皙、冉有、公西华四个人陪孔子坐着。

孔子说："我年龄比你们大一些，不要因为我年长而不敢说话。你们平时总说'没有人了解我呀！'假如有人了解你们，那你们要怎样去做呢？"

子路轻率地回答："一个拥有一千辆兵车的国家，夹在大国中间，常常受到别的国家侵犯，加上国内又闹饥荒，让我去治理，只要三年，就可以使人们勇敢善战，而且懂得礼仪。"

孔子听了，微微一笑。

孔子又问："冉求，你会怎么样呢？"

冉求答道："国土纵横六七十里或五六十里见方的国家，让我去治理，等到三年，就可以使百姓饱暖。至于这个国家的礼乐教化，就要等君子来施行了。"

孔子又问："公西赤，你会怎么样呢？"

公西赤回答道："我不敢说能做到，但愿意学习。在宗庙祭祀的活动中，或者在同别国的盟会中，我愿意穿着礼服，戴着礼帽，做一个小小的司仪。"

孔子又问："曾点，你会怎么样呢？"

这时曾点弹瑟的声音逐渐放慢，接着"铿"的一声，离开瑟站起来，回答说："我想的和他们三位的不一样。"

孔子说："那有什么关系呢？只是各人讲自己的志向而已。"

曾皙说："暮春三月，已经穿上了春天的衣服，我和五六位成年人，六七个少年，一同到沂河里洗澡，在舞雩台上吹风，一路唱着歌走回来。"

孔子长叹一声说："我赞成曾皙的想法。"

子路、冉有、公西华三个人都出去了，曾皙后走。他问孔子说："他们三人的话怎么样？"

孔子说："也就是各自谈谈自己的志向罢了。"

曾皙说："夫子为什么要笑仲由呢？"

孔子说："治理国家要讲礼让，可是他说话一点也不谦虚，所以我笑他。"

"难道冉求讲的不是治理国家吗？"

孔子说："哪里见得纵横六七十里或五六十里见方的地方就不是国家呢？"

"公西赤讲的不是治理国家吗？"

孔子说："宗庙祭祀和诸侯会盟，这不是诸侯的事又是什么？像赤这样的人如果只能做一个小相，那谁又能做大相呢？"

---

①曾皙：名点，字子皙，曾参的父亲，孔子的学生。②以吾一日长乎尔：虽然我比你们的年龄稍长一些。③居：平日、平常。④则何以哉：何以，即何以为用。意思是怎么去做。⑤率尔：轻率、急切。⑥摄：迫于、夹于。⑦比及：比，bì，等到。⑧方：方向，这里指礼仪。⑨哂：shěn，讥讽地微笑。⑩方六七十：纵横各六七十里。⑪如：或者。⑫宗庙之事：指祭祀之事。⑬会同：诸侯会见。⑭端章甫：端，古代礼服的名称。章甫，古代礼帽的名称。⑮相：赞礼人，司仪。⑯希：同"稀"，指弹瑟的速度放慢，节奏逐渐

稀疏。⑰作：站起来。⑱莫：同"暮"。⑲冠者：成年人。古代子弟到20岁时行冠礼，表示已经成年。⑳浴乎沂：沂，水名，发源于山东南部，流经江苏北部入海。在水边洗头面手足。㉑舞雩：雩，yú。地名，原是祭天求雨的地方，在今山东曲阜。㉒唯：语首词，无意义。

颜渊篇第十二

颜渊篇主要谈仁,孔子指出的"克己复礼""己所不欲,勿施于人""爱人"等均为仁,可见仁的范围之宽广。儒家提倡的君子的形象内涵在此章中进一步得以丰富:不忧不惧、质文结合、成人之美、以文会友、四海之内皆兄弟等。此章也体现了儒家的民本思想,提出"民无信不立""民足则君足"等政治思想。文中还涉及诉讼断狱方面,孔子指出了"无讼"的理想状态。"君君、臣臣、父父、子子"表明每个人都应该尽到自己的职责,这样社会才会和谐,这对现代社会的管理也有启示作用。

12.1 颜渊问仁。子曰:"克己复礼①为仁。一日克己复礼,天下归仁②焉。为仁由己,而由人乎哉?"

颜渊曰:"请问其目③。"子曰:"非礼勿视,非礼勿听,非礼勿言,非礼勿动。"

颜渊曰:"回虽不敏,请事④斯语矣。"

译文

颜渊问仁德。孔子说:"克制自己,一切都照着礼的要求去做，这就是仁。一旦这样做了，天下的人都会称你是仁人。实行仁德，完全在于自己，难道还在于别人吗？"

颜渊说："请问实行仁的纲领。"孔子说："不合于礼的不要看，不合于礼的不要听，不合于礼的不要说，不合于礼的不要做。"

颜渊说："我虽然不聪明，也要照您说的这些话去做。"

---

①克己复礼：克己，克制自己。复礼，使自己的言行符合于礼的要求。②归仁：归，归顺。仁，即仁道。③目：具体的条目，纲领。④事：从事。

12.2 仲弓问仁。子曰："出门如见大宾，使民如承大祭。己所不欲，勿施于人。在邦无怨，在家无怨①。"

仲弓曰："雍虽不敏，请事斯语矣。"

译文

仲弓问仁德。孔子说："出门办事如同去接待贵宾，使唤百姓如同去进行重大的祭祀（都要恭敬谨慎）。自己不愿意的，不要强加给别人；在诸侯的邦国里没人怨恨（自己）；在卿大夫的封地里也没人怨恨（自己）。"仲弓说："我虽然不聪明，也要照您说的话去做。"

---

①在邦无怨，在家无怨：邦，诸侯统治的国家。家，卿大夫统治的封地。

12.3 司马牛①问仁。子曰："仁者，其言也讱②。"

曰:"其言也讱,斯③谓之仁已乎?"子曰:"为之难,言之得无讱乎?"

译文

司马牛问仁德。孔子说:"有仁德的人,说话是谨慎的。"

司马牛说:"说话谨慎,这就叫做仁了吗?"孔子说:"做起来很困难,说起来能不谨慎吗?"

---

①司马牛:姓司马,名耕,字子牛,孔子的学生。②讱:rèn,话难说出口。这里引申为说话谨慎。③斯:就。

12.4 司马牛问君子。子曰:"君子不忧不惧。"

曰:"不忧不惧,斯谓之君子已乎?"子曰:"内省不疚,夫何忧何惧?"

译文

司马牛问怎样做一个君子。孔子说:"君子不忧愁,不恐惧。"

司马牛说:"不忧愁,不恐惧,这样就可以叫做君子了吗?"孔子说:"自己问心无愧,那还有什么忧愁和恐惧呢?"

12.5 司马牛忧曰:"人皆有兄弟,我独亡。"子夏曰:"商闻之矣:'死生有命,富贵在天。'君子敬而无失,与人恭而有礼。四海之内,皆兄弟也——君子何患乎无兄弟也?"

译文

司马牛忧愁地说:"别人都有兄弟,唯独我没有。"子夏说:"我听说过:'死生命中注定,富贵由天安排'。君子只要对待所做的事情严肃认真,而不出差错,对人恭敬而合乎于礼,那么,天下的人就都是自己的兄弟了。君子又何必担心没有兄弟呢?"

12.6 子张问明。子曰:"浸润之谮①,肤受之愬②,不行焉,可谓明也已矣。浸润之谮,肤受之愬,不行焉,可谓远也已矣。"

译文

子张问怎样做才是明智。孔子说:"像水润物那样暗中挑拨的坏话,像切肤之痛那样直接的诽谤,在你那里都行不通,那你可以算是明智的了。暗中挑拨的坏话和直接的诽谤,在你那里都行不通,那你可以算是有远见的了。"

---

①谮:zèn,谗言。②肤受之愬:肤受,切肤的感受。愬,同"诉",诬告。

12.7 子贡问政。子曰:"足食,足兵①,民信②之矣。"

子贡曰:"必不得已而去,于斯三者何先?"曰:"去兵。"

子贡曰:"必不得已而去,于斯二者何先?"曰:"去食。自古皆有死,民无信不立。"

译文

子贡问怎样管理国家。孔子说:"粮食充足,军备充足,老百姓信任统治者。"子贡说:"如果不得不去掉一项,那么在三项中先去掉哪一项呢?"孔子说:"去掉军备。"子贡说:"如果不得不再去掉一项,那么这两项中去掉哪一项呢?"孔子说:"去掉粮食。自古以来人总是要死的,如果老百姓对统治者不信任,那么国家就不能存在了。"

---

①兵:兵器、军备。②信:信任。

12.8 棘子成①曰:"君子质而已矣,何以文为?"子贡曰:"惜乎,夫子之说君子也!驷不及舌②。文犹质也,质犹文也,虎豹之鞟③犹犬羊之鞟!"

译文

棘子成说:"君子只要具有好的品质就行了,要那些文采干什么呢?"子贡说:"真遗憾,夫子您这样谈论君子。一言既出,驷马难追。本质就像文采,文采就像本质,都是同等重要的。去掉了毛的虎、豹皮,就如同去掉了毛的犬、羊皮一样。"

---

①棘子成:卫国大夫。古代大夫都可以被尊称为夫子,所以子贡这样称呼他。②驷不及舌:指话一说出口,就收不回来了。驷,拉一辆车的四匹马。③鞟:kuò,去掉毛的皮,即革。

12.9 哀公问于有若曰:"年饥,用不足,如之何?"
有若对曰:"盍彻乎①?"
曰:"二②,吾犹不足,如之何其彻也?"
对曰:"百姓足,君孰与不足?百姓不足,君孰与足?"

译文

鲁哀公问有若说:"年成不好,国家用度困难,怎么办?"
有若回答说:"为什么不实行彻法,只抽十分之一的田税呢?"
哀公说:"抽十分之二,我还不够,怎么能实行彻法呢?"
有若说:"如果百姓的用度足够,国君怎么会不够呢?如果百姓的用度不够,国君怎么又会够呢?"

---

①盍彻乎:盍,何不。彻,西周时期的一种田税制度。旧注曰:"什一而税谓之彻。"即抽取十分之一为田税。②二:抽取十分之二的税。

12.10 子张问崇德①辨惑②。子曰:"主忠信,徙义③,崇德也。爱之欲其生,恶之欲其死。既欲其生,又欲其死,是惑也。'诚不以富,亦只以异④。'"

译文

子张问怎样提高道德水平,辨别是非。孔子说:"以忠信为主,改变自己的思想合乎义,这就是提高道德水平了。爱一个人的时候,就希望他长寿,厌恶的时候恨不得他立刻死去。既要他长寿,又要他死去,这就是迷惑。(正如《诗》所说的)'即使不是嫌贫爱富,也是喜新厌旧。'"

---

①崇德:提高道德修养。②惑:迷惑,不分是非。③徙义:徙,迁移。改变思想向义靠拢。④诚不以富,亦只以异:出自《诗经·小雅·我行其野》。

12.11 齐景公问政于孔子。孔子对曰:"君君,臣臣,父父,子子。"公曰:"善哉!信如君不君,臣不臣,父不父,子不子,虽有粟,吾得而食诸?"

译文

齐景公问孔子如何管理国家。孔子说:"君要像君的样子,臣要像臣的样子,父亲要像父亲的样子,儿子要像儿子的样子。"齐景公说:"是呀!如果君不像君,臣不像臣,父亲不像父亲,儿子不像儿子,即使有粮食,我能吃得上吗?"

12.12 子曰:"片言①可以折狱②者,其由也与③?"子路无宿④诺。

译文

孔子说:"只听单方面的言辞就可以判决案件的,大概只有仲由吧。"子路从不拖延自己的诺言。

---

①片言:诉讼双方中一方的言辞,古时也叫"单辞"。②折狱:狱,案件。即断案。③其由也与:大概只有仲由吧。④宿:留,这里指拖延的意思。

12.13 子曰:"听讼①,吾犹人也。必也使无讼②乎!"

译文

孔子说:"审理诉讼案件,我同别人也是一样的。一定要使人们没有诉讼的案件。"

---

①听讼:讼,sòng,诉讼。审理诉讼案件。②使无讼:使人们之间没有诉讼案件之事。

12.14 子张问政。子曰:"居之无倦,行之以忠。"

译文

子张问如何管理政事。孔子说:"居于官位不懈怠,执行君令要忠实。"

12.15 子曰:"博学于文,约之以礼,亦可以弗畔矣夫!"

译文

孔子说:"君子广泛地学习古代文化典籍,又用礼仪来约束自己,也就可以不离经叛道了。"

12.16 子曰:"君子成人之美,不成人之恶。小人反是。"

译文

孔子说："君子成全别人的好事，不助长别人的坏事。小人却相反。"

12.17 季康子问政于孔子。孔子对曰："政者，正也。子帅以正，孰敢不正？"

译文

季康子问孔子如何管理国家。孔子回答说："政就是端正的意思。您自己率先做到端正，那还有谁敢不端正呢？"

12.18 季康子患盗，问于孔子。孔子对曰："苟子之不欲，虽赏之不窃。"

译文

季康子担忧盗贼太多，问孔子怎么办。孔子回答说："假如你自己不贪图财利，即使奖励偷窃，也没有人偷盗。"

12.19 季康子问政于孔子曰："如杀无道，以就①有道，何如？"孔子对曰："子为政，焉用杀？子欲善而民善矣。君子之德风，小人之德草。草上之风，必偃②。"

译文

季康子问孔子如何管理政事，说："如果杀掉无道的人来成就有道的人，怎么样？"孔子说："您治理政事，哪里用得着杀戮的手段呢？您只要想把国家治理好，老百姓就会好起来。在位者的品德就像风，老百姓的品德就像草，风吹到草上，草必定跟着倒。"

①就：成就、成全。②偃：倒。

12.20 子张问："士何如斯可谓之达①矣？"子曰："何哉，尔所谓达者？"子张对曰："在邦必闻，在家必闻②。"子曰："是闻也，非达也。夫达也者，质直而好义，察言而观色，虑以下人③。在邦必达，在家必达。夫闻也者，色取仁而行违，居之不疑。在邦必闻，在家必闻。"

译文

子张问："读书人怎样做才可以称得上通达？"孔子说："你说的通达是什么意思？"子张答道："做国家的官一定有名望，在大夫的封地里也必定有名声。"孔子说："这只是虚假的名声，不是通达。所谓达，要品质正直，爱好礼义，善于分析别人的言语，观察别人的脸色，对人谦恭有礼。这样的人，可以在国家通达，在大夫的封地里也能通达。至于有名声的人，只是表面上装出仁的样子，而行动却正是违背了仁，自己还以仁人自居不惭愧。这种人，做国家的官一定会骗取名望，做大夫封地的官也一定会骗取名望。"

①达：通达，显达。②闻：有名望。③下人：下，这里作动词。对人谦恭有礼。

12.21 樊迟从游于舞雩之下，曰："敢问崇德，修慝①，辨惑。"子曰："善哉问！先事后得，非崇德与？攻其恶，无攻人之恶，非修慝与？一朝之忿②，忘其身，以及其亲，非惑与？"

译文

樊迟陪着孔子在舞雩台下散步，说："请问怎样提高品德修养？怎样改正自己的邪念？怎样辨别迷惑？"孔子说："问得好！先付出劳动，然后才有所收获，不就是提高品德了吗？检讨自己的不善，不去批评别人的不善，不就是改正自己的邪念吗？由于一时的气愤，就忘记了自己，甚至自己的亲人，这不就是迷惑吗？"

①修慝：修，改正。慝，tè，邪恶的念头。这里是指改正邪恶的念头。②忿：忿怒，气愤。

12.22 樊迟问仁。子曰："爱人。"问知。子曰："知人。"樊迟未达。子曰："举直错诸枉①，能使枉者直。"
樊迟退，见子夏曰："乡②也吾见于夫子而问知，子曰，'举直错诸枉，能使枉者直'，何谓也？"

子夏曰："富哉言乎！舜有天下，选于众，举皋陶③，不仁者远矣。汤④有天下，选于众，举伊尹⑤，不仁者远矣。"

译文

樊迟问什么是仁。孔子说："爱人。"樊迟又问什么是智。孔子说："了解人。"樊迟还不明白。孔子说："选拔正直的人，放置在邪恶的人之上，这样就能使邪恶的人归于正直。"樊迟退出来，见到子夏说："刚才我见到老师，问他什么是智，他说：'选拔正直的人，放置在邪恶的人之上，这样就能使邪恶的人归于正直。'这是什么意思？"子夏说："这话的意义多丰富呀！舜有天下，在众人中挑选人才，把皋陶选拔出来，不仁的人就被疏远了。汤有了天下，在众人中挑选人才，把伊尹选拔出来，不仁的人就被疏远了。"

---

①举直错诸枉：错，同"措"，放置。诸，这是"之于"二字的合音。枉，不正直、邪恶。意为选拔直者，罢黜枉者。②乡：同"向"，过去。③皋陶：gāo yáo，传说中舜时掌握刑法的大臣。④汤：商朝的第一个君主，名履。⑤伊尹：汤的宰相，曾辅助汤灭夏兴商。

12.23 子贡问友。子曰："忠告①而善道②之，不可则止，毋自辱焉。"

译文

子贡问怎样对待朋友。孔子说："忠诚地劝告和恰当地引导他，如果他不听就算了，不要自取其辱。"

①告：劝告。②道：同"导"，诱导、引导。

12.24 曾子曰："君子以文会友，以友辅仁。"

译文

曾子说："君子用文章学问来结交朋友，依靠朋友来帮助自己培养仁德。"

子路篇第十三

本篇内容较为丰富，涉及政事、君子、小人等方面的问题。在如何治理国事上，孔子提出举贤才、知君难、不违善、不要急于求成等措施。孔子还指出："名不正，则言不顺"，然后所有的政治举措均不顺，突显正名对治国的重要性，统治者亦要重视正其身。此章通过君子与小人的对比，提出不少名言。如"君子和而不同，小人同而不和"等。另外，在读书方面，孔子指出不能死读书，读书要与实践相结合，否则"虽多，亦奚以为？"此外，儒家也比较重视血缘关系，所以孔子提出"子为父隐，父为子隐"的"直"的观念。

13.1 子路问政。子曰："先之，劳之。"请益①。子曰："无倦②。"

译文

子路问怎样管理政事。孔子说："做在老百姓前面，然后让老百姓勤劳。"子路请求多讲一点。孔子说："不要懈怠。"

---

①益：请求增加一些。②无倦：不厌倦，不松懈。

159

13.2 仲弓为季氏宰，问政。子曰："先有司，赦小过，举贤才。"

曰："焉知贤才而举之？"曰："举尔所知；尔所不知，人其舍诸？"

译文

仲弓做了季氏的家臣，问怎样管理政事。孔子说："先决定管事人员，并赦免他们的小过错，选拔贤才来任职。"仲弓又问："怎样知道是贤才而把他们选拔出来呢？"孔子说："选拔你所知道的，至于你不知道的，别人难道还会埋没他们吗？"

13.3 子路曰："卫君①待子而为政，子将奚②先？"

子曰："必也正名乎！"

子路曰："有是哉，子之迂③也！奚其正？"

子曰："野哉，由也！君子于其所不知，盖阙④如也。名不正，则言不顺；言不顺，则事不成；事不成，则礼乐不兴；礼乐不兴，则刑罚不中⑤；刑罚不中，则民无所错⑥手足。故君子名之必可言也，言之必可行也。君子于其言，无所苟⑦而已矣。"

译文

子路（对孔子）说："卫国国君要您去治理国家，您打算先从哪些事情做起呢？"

孔子说："那一定是先正名分。"

子路说："有这样做的吗？您太迂腐了。这名有什么可正呢？"

孔子说:"仲由,真粗野啊。君子对于他所不知道的事情,总是采取存疑的态度。名分不正,言语就不能顺理成章;言语不能顺理成章,事情就办不成;事情办不成,礼乐也就不能兴盛;礼乐不能兴盛,刑罚的执行就不会得当;刑罚不得当,百姓连手脚都不知放在哪里。所以,君子一定要定下一个名分,必须能够说得明白,说出来一定能行得通。君子对于自己的言语,是从不马马虎虎的。"

---

①卫君:卫出公,名辄,卫灵公之孙。其父蒯聩被卫灵公驱逐出国,卫灵公死后,蒯辄继位。蒯聩要回国争夺君位,遭到蒯辄拒绝。这里,孔子对此事提出了自己的看法。②奚:xī,什么。③迂:迂腐。④阙:同"缺",存疑的意思。⑤中:zhòng,得当。⑥错:安置。⑦苟:苟且,马马虎虎。

13.4 樊迟请学稼。子曰:"吾不如老农。"请学为圃。曰:"吾不如老圃。"

樊迟出。子曰:"小人哉,樊须也!上好礼,则民莫敢不敬;上好义,则民莫敢不服;上好信,则民莫敢不用情。夫如是,则四方之民襁负其子而至矣,焉用稼?"

译文

樊迟向孔子请教学种庄稼。孔子说:"我不如老农。"樊迟又请教种菜。孔子说:"我不如老菜农。"

樊迟退出来以后,孔子说:"樊迟真是个小人。在上位者讲究礼，老百姓就不敢不敬畏；在上位者讲究义，老百姓就不敢不服从；在上位者讲究诚实守信，老百姓就没有不敢不说真话的。要是做到这样，四面八方的老百姓就会背着自己的小孩来投奔，哪里用得着自己去种庄稼呢？"

13.5 子曰："诵《诗》三百，授之以政，不达；使于四方，不能专对；虽多，亦奚以为？"

译文

孔子说："熟读《诗经》三百首，让他处理政务，却不会办事；让他当外交使节，却又不能独立交涉；即使读得很多，又有什么用呢？"

13.6 子曰："其身正，不令而行；其身不正，虽令不从。"

译文

孔子说："统治者自身言行正当了，不发布命令，老百姓也会去做；统治者自身言行不正当，即使发布命令，老百姓也不会服从。"

13.7 子曰："鲁卫之政，兄弟也。"

译文

孔子说："鲁国和卫国的政治，就像兄弟一样。"

13.8 子谓卫公子荆①,"善居室②。始有,曰:'苟合③矣。'少有,曰:'苟完矣。'富有,曰:'苟美矣。'"

译文

孔子谈到卫国的公子荆时说:"他善于管理经济,居家理财。刚开始有一点时,他说:'差不多就足够了。'稍为多一点时,他说:'差不多就完备了。'更多一点时,他说:'差不多就完美了'。"

---

①卫公子荆:卫国大夫,字南楚,卫献公的儿子。②善居室:善于管理经济,居家过日子。③苟合:苟,差不多。合,足够。

13.9 子适卫,冉有仆①。子曰:"庶②矣哉!"
冉有曰:"既庶矣,又何加焉?"曰:"富之。"
曰:"既富矣,又何加焉?"曰:"教之。"

译文

孔子到卫国去,冉有为他驾车。孔子说:"人口真多呀!"

冉有说:"人口已经够多了,还要再做什么呢?"孔子说:"使他们富起来。"

冉有说:"富了以后还要做些什么?"孔子说:"教育他们。"

---

①仆:这里做动词,驾驭车马。②庶:众多,这里指人口众多。

13.10 子曰:"苟有用我者,期月①而已可也,三年有成。"

译文

孔子说:"如果有人让我主持国家政事,一个月便差不多了,三年就一定会有成效。"

①期月:期,jī。一整月。

13.11 子曰:"'善人为邦百年,亦可以胜残去杀矣。'诚哉是言也!"

译文

孔子说:"'善人治理国家,经过一百年,也就可以消除残暴,废除刑罚杀戮了。'这话真对呀!"

13.12 子曰:"如有王者,必世而后仁。"

译文

孔子说:"如果有王者兴起,也一定要三十年才能实现仁政。"

13.13 子曰:"苟正其身矣,于从政乎何有?不能正其身,如正人何?"

译文

孔子说:"如果端正了自身的行为,管理政事有什么困难呢?如果不能端正自身的行为,怎能使别人端正呢?"

13.14 冉子退朝。子曰:"何晏也?"对曰:"有政。"子曰:"其事也。如有政,虽不吾以,吾其与闻之。"

译文

冉求退朝回来。孔子说:"为什么回来得这么晚呀?"冉求说:"有政事。"孔子说:"那只是一般的事务。如果有政事,虽然国君不用我了,我也会知道的。"

13.15 定公问:"一言而可以兴邦,有诸?"

孔子对曰:"言不可以若是,其几也。人之言曰:'为君难,为臣不易。'如知为君之难也,不几乎一言而兴邦乎?"

曰:"一言而丧邦,有诸?"

孔子对曰:"言不可以若是,其几也。人之言曰:'予无乐乎为君,唯其言而莫予违也。'如其善而莫之违也,不亦善乎?如不善而莫之违也,不几乎一言而丧邦乎?"

译文

鲁定公问:"一句话就可以使国家兴盛,有这样的话吗?"

孔子答道:"不可能有这样的话,但有近乎于这样的话。有人说:'做君主难,做臣子不容易。'如果知道了做君主的艰难,这岂不近乎于一句话可以使国家兴盛吗?"

鲁定公又问:"一句话可以亡国,有这样的话吗?"

孔子回答说:"不可能有这样的话,但有近乎于这样的话。

有人说:'我做君主并没有什么可高兴的,我所高兴的只在于我所说的话没有人敢于违抗。'如果说得对而没有人违抗,不也好吗?如果说得不对而没有人违抗,那岂不就近乎于一句话可以亡国吗?"

13.16 叶公问政。子曰:"近者悦,远者来。"

译文

叶公问孔子怎样管理政事。孔子说:"使近处的人高兴,使远处的人来归附。"

13.17 子夏为莒父①宰,问政。子曰:"无欲速,无见小利。欲速,则不达;见小利,则大事不成。"

译文

子夏做了莒父的总管,问怎样管理政事。孔子说:"不要求快,不要贪求小利。求快反而达不到目的,贪求小利就做不成大事。"

---

①莒父:莒,jǔ。鲁国的一个城邑,在今山东省莒县境内。

13.18 叶公语孔子曰:"吾党①有直躬者②,其父攘羊③,而子证④之。"孔子曰:"吾党之直者异于是:父为子隐,子为父隐。——直在其中矣。"

译文

叶公告诉孔子说:"我的家乡有个正直的人,他的父亲偷羊,他就告发了父亲。"孔子说:"我的家乡正直的人和你们的不同:父亲为儿子隐瞒,儿子为父亲隐瞒。——正直就在这中间。"

---

①党:乡党。②直躬者:正直的人。③攘羊:偷羊。④证:告发。

13.19 樊迟问仁。子曰:"居处恭,执事敬,与人忠。虽之①夷狄,不可弃也。"

译文

樊迟问孔子仁德。孔子说:"平常在家要恭敬有礼,做事严肃认真,待人忠心诚恳。即使到了夷狄之地,也不能背弃。"

---

①之:这里做动词,到的意思。

13.20 子贡问曰:"何如斯可谓之士矣?"子曰:"行己有耻,使于四方,不辱君命,可谓士矣。"

曰:"敢问其次。"曰:"宗族称孝焉,乡党称弟焉。"

曰:"敢问其次。"曰:"言必信,行必果,硁硁①然小人哉!——抑亦可以为次矣。"

曰:"今之从政者何如?"子曰:"噫!斗筲之人②,何足算也?"

译文

子贡问道:"怎样才可称为士?"孔子说:"对自己的行为保持羞耻之心,出使外国,能够完成君主交付的使命,可以称做士。"

子贡说:"请问次一等的。"孔子说:"宗族中的人称赞他孝顺父母,乡党里的人赞赏他尊敬兄长。"

子贡又问:"请问再次一等的。"孔子说:"说到一定做到,做事一定坚持到底,不问是非地固执己见,那是小人啊。但也可以说是再次一等的士了。"

子贡说:"现在的执政者怎么样?"孔子说:"唉!这些器量和见识狭小的人,哪里能算得上呢?"

---

①硁硁:kēng,象声词,敲击石头的声音。这里指像石块那样坚硬。②斗筲之人:筲,shāo,竹器,容一斗二升。比喻器量和见识狭小的人。

13.21 子曰:"不得中行①而与之,必也狂狷②乎!狂者进取,狷者有所不为也。"

译文

孔子说:"我找不到奉行中庸之道的人和他交往,那一定会交到激进的人和拘谨的人罢!激进的人敢作敢为,拘谨的人对有些事是不肯干的。"

---

①中行:行为合乎中庸。②狂狷:狂,激进。狷,juàn,拘谨、谨慎。

13.22 子曰:"南人有言曰:'人而无恒,不可以作巫医①。'善夫!"

不恒其德,或承之羞②。子曰:"不占③而已矣。"

译文

孔子说:"南方人有句话说:'人如果没有恒心,就不可以做巫医。'这句话说得好啊!"《易经·恒卦·爻辞》说:"不能始终保持德行,免不了要遭受耻辱。"孔子说:"(这句话是说,这样的人)用不着去占卦了。"

---

①巫医:用卜筮为人治病的人。②不恒其德,或承之羞:此二句引自《易经·恒卦·爻辞》。③占:占卜。

13.23 子曰:"君子和而不同,小人同而不和。"

译文

孔子说:"君子讲求和谐而不同流合污,小人只求完全一致,而不讲求协调。"

13.24 子贡问曰:"乡人皆好之,何如?"子曰:"未可也。"

"乡人皆恶之,何如?"子曰:"未可也。不如乡人之善者好之,其不善者恶之。"

译文

子贡问孔子说:"全乡人都喜欢他,这个人怎么样?"孔子说:"这还不能肯定。"子贡又问:"全乡人都厌恶他,这个人怎么样?"孔子说:"这也是不能肯定的。最好的人是全乡的好人都喜欢他,全乡的坏人都厌恶他。"

13.25 子曰:"君子易事①而难说②也。说之不以其道,不说也;及其使人也,器之③。小人难事而易说也。说之虽不以道,说也;及其使人也,求备焉。"

译文

孔子说:"与君子相处共事很容易,但讨他的欢喜却很难。不用正当的方式去讨他的喜欢,他是不会喜欢的;当他用人的时候,总是量才而用人。与小人相处共事很困难,但要取得他的欢喜则是很容易。用不正当的方式去讨他的喜欢,也会得到他的喜欢;但等到他使用人的时候,却是求全责备。"

---

①易事:易于与人相处共事。②难说:难以取得他的欢喜。说,同"悦"。③器之:量才使用他。

13.26 子曰:"君子泰而不骄,小人骄而不泰。"

译文

孔子说:"君子安详坦然而不傲慢无礼,小人傲慢无礼而不安详坦然。"

13.27 子曰:"刚、毅、木、讷,近仁。"

译文

孔子说:"刚强、果敢、朴实、谨慎,这四种品德就接近于仁。"

13.28 子路问曰:"何如斯可谓之士矣?"子曰:"切切偲偲①,怡怡②如也,可谓士矣。朋友切切偲偲,兄弟怡怡。"

译文

子路问孔子:"怎样做才可以称为士呢?"孔子说:"互助督促勉励,相处和和气气,可以算是士了。朋友之间互相督促勉励,兄弟之间相处和和气气。"

------

①偲偲:sī,勉励、督促的样子。②怡怡:yí,和气、和顺的样子。

13.29 子曰:"善人教民七年,亦可以即戎①矣。"

译文

孔子说:"善人教导百姓达到七年的时间,也可以叫他们去当兵打仗了。"

①即戎：即，这里做动词，去的意思。戎，兵器、军队。即戎就是参军打仗。

13.30 子曰："以不教民战，是谓弃之。"

译文

孔子说："用没有受过作战训练的老百姓去打仗，这就叫舍弃他们。"

宪问篇第十四

本篇主要讲述的是怎样处理个人与国家、集体的关系,怎样在利益面前摆正自己的心态。文中首先指出"邦无道"与"邦有道"情况下的言行标准,邦有道则"危言危行",邦无道则"危行言孙","不在其位,不谋其政"。在德行方面,孔子强调安贫和内省,提出"贫而无怨""修己"等要求。篇中还谈到了孔子对他人的评论,如子产、臧武仲、晋文公、齐桓公等人,体现了儒家的仁义思想,其中孔子对管仲的赞赏,集中反映其求仁之心。此篇还记录了隐者、看门人、挑草筐人等对孔子的评价:"知其不可而为之",这正是孔子最为可贵的精神。

14.1 宪①问耻。子曰:"邦有道,谷②;邦无道,谷,耻也。"

"克、伐③、怨、欲不行焉,可以为仁矣?"子曰:"可以为难矣,仁则吾不知也。"

译文
原宪问孔子什么是耻辱。孔子说:"国家有道,做官领俸禄;

国家无道,还做官领俸禄,这就是耻辱。"

原宪又问:"好胜、自夸、怨恨、贪欲都没有的人,可以算做到仁了吧?"孔子说:"可以说是很难得的,但至于是不是做到了仁,那我就不知道了。"

---

①宪:姓原,名宪,孔子的学生。②谷:这里指做官者的俸禄。③伐:自夸。

14.2 子曰:"士而怀居①,不足以为士矣。"

译文

孔子说:"读书人如果留恋家庭的安逸生活,就不配做读书人了。"

---

①怀居:怀,思念、留恋。居,家居。指留恋家居的安逸生活。

14.3 子曰:"邦有道,危①言危行;邦无道,危行言孙②。"

译文

孔子说:"国家有道,言语正直,行为正直;国家无道,行为正直,言语谦逊。"

---

①危:直,正直。②孙:同"逊",谦逊。

14.4 子曰:"有德者必有言,有言者不必有德。仁者必有勇,勇者不必有仁。"

译文

孔子说:"有道德的人一定有言论,有言论的人不一定有道德。仁人一定勇敢,勇敢的人不一定有仁。"

14.5 南宫适①问于孔子曰:"羿②善射,奡③荡舟④,俱不得其死然。禹稷⑤躬稼而有天下。"夫子不答。

南宫适出,子曰:"君子哉若人!尚德哉若人!"

译文

南宫适问孔子:"羿善于射箭,奡善于水战,最后都不得好死。禹和稷都自己亲自种植庄稼,却得到了天下。"孔子没有回答。南宫适出去后,孔子说:"这个人真是个君子呀!这个人真尊重道德呀!"

---

①南宫适:适,kuò,同"括",即南容。孔子的学生。②羿:yì,传说中夏代有穷国的君主,善于射箭,其夺取夏太康的王位,后被其臣寒浞(zhuó)所杀。③奡:ào,传说中夏代寒浞的儿子,后为夏少康所杀。④荡舟:用手推船。传说中奡力大,善于水战。⑤禹稷:禹,夏朝的开国之君,善于治水,注重发展农业。稷,传说是周朝的祖先,又为谷神,教民种植庄稼。

14.6 子曰:"君子而不仁者有矣夫,未有小人而仁者也。"

译文

孔子说:"君子中没有仁德的人是有的,而小人中有仁德的人是没有的。"

14.7 子曰:"爱之,能勿劳乎?忠焉,能勿诲乎?"

译文

孔子说:"爱他,能不让他勤劳吗?忠于他,能不教诲他吗?"

14.8 子曰:"为命①,裨谌②草创之,世叔③讨论之,行人④子羽⑤修饰之,东里⑥子产润色之。"

译文

孔子说:"郑国发表的外交辞令,是由裨谌起草的,世叔提出意见,外交官子羽加以修改,由子产作最后修饰润色。"

---

①命:指外交辞令。②裨谌:pí chén,人名,郑国的大夫。③世叔:《左传》中的子太叔,名游吉,郑国的大夫。子产死后,继子产为郑国宰相。④行人:官名,掌管外交事务。⑤子羽:郑国大夫公孙挥的字。⑥东里:地名,郑国大夫子产居住的地方。

14.9 或①问子产。子曰:"惠人也。"问子西②。曰:"彼哉!彼哉!"

问管仲。曰:"人也。夺伯氏③骈邑④三百,饭疏食,没齿⑤无怨言。"

译文

有人问子产是个怎样的人。孔子说:"是个有恩惠于人的人。"又问子西。孔子说:"他呀!他呀!"又问管仲。孔子说:"他是个人才。他把伯氏骈邑的三百家夺走,使伯氏只能吃粗粮,到死也没有怨恨的话。"

---

①或:有人。②子西:这里的子西指楚国的令尹,名申。③人也:即此人也。④伯氏:齐国的大夫。⑤骈邑:地名,伯氏的采邑。⑥没齿:死。

14.10 子曰:"贫而无怨难,富而无骄易。"

译文

孔子说:"贫穷而没有怨恨是很难做到的,富裕而不骄傲是容易做到的。"

14.11 子曰:"孟公绰①为赵、魏老②则优③,不可以为滕、薛④大夫。"

译文

孔子说:"孟公绰做晋国赵氏、魏氏的家臣,是有余力的,但不能做滕、薛这样小国的大夫。"

①孟公绰：鲁国大夫，属于孟孙氏家族。②老：这里指古代大夫的家臣。③优：有余。④滕、薛：滕，诸侯国家，在今山东滕县。薛，诸侯国家，在今山东滕县东南一带。

14.12 子路问成人①。子曰："若臧武仲②之知，公绰之不欲，卞庄子③之勇，冉求之艺，文之以礼乐，亦可以为成人矣。"曰："今之成人者何必然？见利思义，见危授命，久要④不忘平生之言，亦可以为成人矣。"

译文

子路问怎样做才是一个完美的人。孔子说："如果具有臧武仲的智慧，孟公绰的克制，卞庄子的勇敢，冉求的多才多艺，再用礼乐加以修饰，也就可以算是一个完人了。"孔子又说："现在的完人何必一定要这样呢？看见利益便能想起该不该得，遇到危险能献出生命，长久处于穷困还不忘平日的诺言，这样也可以成为完美的人。"

①成人：人格完备的人。②臧武仲：鲁国大夫臧孙纥。③卞庄子：鲁国卞邑大夫。④久要："要"为"约"的借字，"约"为穷困之意。久要，指长久处于穷困中。

14.13 子问公叔文子①于公明贾②曰："信乎，夫子③不言，不笑，不取乎？"

公明贾对曰："以④告者过也。夫子时然后言，人不厌其言；乐然后笑，人不厌其笑；义然后取，人不厌其取。"子曰："其然？岂其然乎？"

译文

孔子向公明贾问公叔文子，说："先生他不说、不笑、不取钱财，是真的吗？"

公明贾回答道："这是告诉你话的那个人的过错。先生他到该说时才说，因此别人不厌恶他说话；快乐时才笑，因此别人不厌恶他笑；合于义要求的钱财他才取，因此别人不厌恶他取。"孔子说："原来这样，难道真是这样吗？"

---

①公叔文子：卫国大夫公孙拔，卫献公之子，谥号"文"。②公明贾：姓公明，字贾，卫国人。③夫子：文中指公叔文子。④以：代词，此的意思。

14.14 子曰："臧武仲以防求为后于鲁，虽曰不要君，吾不信也。"

译文

孔子说："臧武仲凭借防邑请求鲁君在鲁国替臧氏立后代，虽然有人说他不是要挟君主，可我是不相信的。"

14.15 子曰："晋文公①谲②而不正，齐桓公③正而不谲。"

译文

孔子说："晋文公诡诈而作风不正派，齐桓公作风正派而不诡诈。"

①晋文公：姓姬，名重耳，春秋时期有作为的政治家，著名的霸主之一。②谲：jué，欺诈，玩弄手段。③齐桓公：姓姜，名小白，春秋时期有作为的政治家，著名的霸主之一。

14.16 子路曰："桓公杀公子纠①，召忽②死之，管仲不死。"曰："未仁乎？"子曰："桓公九合诸侯③，不以兵车，管仲之力也。如其仁④！如其仁！"

译文
子路说："齐桓公杀了公子纠，召忽自杀以殉，但管仲却没有自杀。管仲没有做到仁吧？"孔子说："桓公多次召集各诸侯国的盟会，不用武力，都是管仲的力量啊。这就是他的仁德！这就是他的仁德！"

①公子纠：齐桓公的哥哥。齐桓公与他争位，杀掉了他。②召忽：管仲和召忽都是公子纠的家臣。公子纠被杀后，召忽自杀，管仲归服于齐桓公，并当上了齐国的宰相。③九合诸侯：指齐桓公多次召集诸侯盟会。④如其仁：这就是他的仁德。

14.17 子贡曰："管仲非仁者与？桓公杀公子纠，不能死，又相之。"子曰："管仲相桓公，霸诸侯，一匡天下，民到于今受其赐。微①管仲，吾其被发左衽②矣。岂若匹夫匹妇之为谅也，自经③于沟渎④而莫之知也。"

译文

子贡问:"管仲不能算是仁人了吧?桓公杀了公子纠,他不能为公子纠殉死,反而做了齐桓公的宰相。"孔子说:"管仲辅佐桓公,称霸诸侯,匡正了天下,老百姓到了今天还享受到他的好处。如果没有管仲,恐怕我们也要披散着头发,衣襟向左开了。难道像普通百姓那样恪守小节,在小山沟里自杀,而没有人知道吗?"

------

①微:假如,没有。②被发左衽:被,同"披"。衽,衣襟。"被发左衽"是当时的夷狄之俗。③自经:上吊自杀。④渎:小沟渠。

14.18 公叔文子之臣大夫僎①与文子同升诸公②。子闻之,曰:"可以为'文'矣。"

译文

公叔文子的家臣僎和文子一同做了卫国的大夫。孔子知道了这件事后,说:"(他死后)可以给他'文'的谥号了。"

------

①僎:xún,人名,公叔文子的家臣。②升诸公:公,公室。诸,于。这里是说僎由家臣升为大夫,与公叔文子同位。

14.19 子言卫灵公之无道也,康子曰:"夫如是,奚而不丧?"孔子曰:"仲叔圉①治宾客,祝鮀治宗庙,王孙贾治军旅,夫如是,奚其丧?"

译文

孔子讲到卫灵公的昏庸无道,季康子说:"既然如此,为什么他没有丧亡呢?"孔子说:"因为他有仲叔圉接待宾客,祝鲍管理宗庙祭祀,王孙贾统领军队,像这样,怎么会丧亡呢?"

---

①仲叔圉:圉,yǔ,即孔文子。他与后面提到的祝鲍、王孙贾都是卫国的大夫。

14.20 子曰:"其言之不怍①,则为之也难。"

译文

孔子说:"说话如果大言不惭,那么实现就很困难。"

---

①怍:zuò,惭愧的意思。

14.21 陈成子①弑简公。孔子沐浴而朝,告于哀公曰:"陈恒弑其君,请讨之。"公曰:"告夫三子。"

孔子曰:"以吾从大夫之后,不敢不告也。君曰'告夫三子'者!"

之三子告,不可。孔子曰:"以吾从大夫之后,不敢不告也。"

译文

陈成子杀了齐简公。孔子斋戒沐浴以后,随即上朝去见鲁哀公,报告说:"陈恒把他的君主杀了,请你出兵讨伐他。"哀公说:"你去报告那三位大夫吧。"

孔子退朝后说:"因为我曾经做过大夫,所以不敢不来报告,君主却说'你去告诉那三位大夫吧'!"孔子去向那三位大夫报告,但三位大夫不愿派兵讨伐。孔子又说:"因为我曾经做过大夫,所以不敢不来报告呀!"

---

①陈成子:即陈恒,齐国大夫,又叫田成子。他以大斗借出,小斗收进的方法受到百姓拥护。公元前481年,他杀死齐简公,夺取了政权。②简公:齐简公,姓姜名壬。③三子:指季孙、孟孙、叔孙三家。

14.22 子路问事君。子曰:"勿欺也,而犯之。"

译文

子路问怎样侍奉君主。孔子说:"不能欺骗他,但可以犯颜直谏。"

14.23 子曰:"君子上达,小人下达。"

译文

孔子说:"君子通达仁义,小人通达财利。"

14.24 子曰:"古之学者为己,今之学者为人。"

译文

孔子说:"古代的人学习是为了提高自己的学问修养,而现在的人学习是为了给别人看。"

14.25 蘧伯玉①使人于孔子。孔子与之坐而问焉,曰:"夫子何为?"对曰:"夫子欲寡其过而未能也。"
使者出,子曰:"使乎!使乎!"

译文

蘧伯玉派使者去拜访孔子。孔子让他坐下,然后问道:"先生最近在干什么?"使者回答说:"先生想减少自己的过错,但还没能做到。"使者走了以后,孔子说:"好一位使者啊!好一位使者啊!"

---

①蘧伯玉:蘧,qú。人名,卫国的大夫,名瑗。

14.26 子曰:"不在其位,不谋其政。"
曾子曰:"君子思不出其位。"

译文

孔子说:"不在那个职位,不去考虑那个职位上的事情。"曾子说:"君子考虑问题,从来不超出自己的职位范围。"

14.27 子曰:"君子耻其言而过其行。"

译文

孔子说:"君子以说得多而做得少为耻辱。"

14.28 子曰:"君子道者三,我无能焉:仁者不忧,知者不惑,勇者不惧。"子贡曰:"夫子自道也。"

译文

孔子说:"君子的道有三个方面,我都没有做到:仁德的人不忧愁,智慧的人不迷惑,勇敢的人不畏惧。"子贡说:"这正是老师的自我表述啊!"

14.29 子贡方人①。子曰:"赐也贤乎哉②?夫我则不暇。"

译文

子贡评论别人。孔子说:"赐啊,你就那么贤良吗?我可没有闲工夫去评论别人。"

---

①方人:评论、批评别人。②赐也贤乎哉:疑问语气,批评子贡不贤。

14.30 子曰:"不患人之不己知,患其不能也。"

译文

孔子说:"不担心别人不知道自己,只担心自己没有能力。"

14.31 子曰："不逆①诈，不亿②不信，抑亦先觉者，是贤乎！"

译文

孔子说："不预先怀疑别人欺诈自己，也不猜测别人不诚实，然而能事先觉察别人的欺诈和不诚实，这就是贤人了。"

---

①逆：这里做副词，事先、预先的意思。②亿：同"臆"，猜测的意思。

14.32 微生亩①谓孔子曰："丘，何为是②栖栖③者与？无乃为佞乎？"孔子曰："非敢为佞也，疾固④也。"

译文

微生亩对孔子说："孔丘，你为什么这么忙碌呢？你不就是要显示自己的口才和花言巧语吗？"孔子说："我不是敢于花言巧语，只是痛恨那些顽固不化的人。"

---

①微生亩：鲁国人。②是：这里做副词，如此的意思。③栖栖：xī，忙碌不安、不安定的样子。④疾固：疾，恨。固，固执。

14.33 子曰："骥①不称其力，称其德也。"

译文

孔子说："千里马称赞的不是它的气力，而是称赞它的品德。"

①骥：千里马。古代称善跑的马为骥。

14.34 或曰："以德报怨，何如？"子曰："何以报德？以直报怨，以德报德。"

译文

有人说："用恩德来报答怨恨，怎么样？"孔子说："用什么来报答恩德呢？应该是用正直来报答怨恨，用恩德来报答恩德。"

14.35 子曰："莫我知也夫！"子贡曰："何为其莫知子也？"子曰："不怨天，不尤①人。下学而上达②。知我者其天乎！"

译文

孔子说："没有人了解我啊！"子贡说："怎么能说没有人了解您呢？"孔子说："我不埋怨天，也不责备人，下学人事而上达天命。了解我的只有天吧！"

①尤：责怪、怨恨。②下学而上达：下学人事，上达天命。

14.36 公伯寮①愬②子路于季孙。子服景伯③以告，曰："夫子固有惑志于公伯寮，吾力犹能肆诸市朝④。"

子曰："道之将行也与，命也；道之将废也与，命也。公伯寮其如命何？"

译文

公伯寮向季孙告发子路。子服景伯把这件事告诉孔子，说："季孙氏已经被公伯寮迷惑了，我的力量就是把公伯寮杀了，把他陈尸于市。"孔子说："道能够得到推行，是天命决定的；道不能得到推行，也是天命决定的。公伯寮能把天命怎么样呢？"

---

①公伯寮：姓公伯，名寮，字子周，孔子的学生，曾任季氏的家臣。②愬：sù，同"诉"，告发、诽谤。③子服景伯：鲁国大夫，姓子服，名伯，"景"是他的谥号。④肆诸市朝：指古时处死罪人后陈尸示众。

14.37 子曰："贤者辟①世，其次辟地，其次辟色，其次辟言。"
子曰："作者七人②矣。"

译文

孔子说："贤人逃避动荡的社会而隐居，次一等的逃到另外一个地方去，再次一点的逃避别人难看的脸色，再次一点的回避别人难听的话。"孔子又说："这样做人的已经有七个了。"

---

①辟：同"避"，逃避。②七人：即伯夷、叔齐、虞仲、夷逸、朱张、柳下惠、少连。

14.38 子路宿于石门①。晨门②曰:"奚自?"子路曰:"自孔氏。"曰:"是知其不可而为之者与?"

译文

子路在石门住了一晚。看门的人问:"从哪里来?"子路说:"从孔子那里来。"看门的人说:"是那个明知做不到却还要去做的人吗?"

①石门:地名。鲁国都城的外门。②晨门:早上看守城门的人。

14.39 子击磬①于卫,有荷蒉②而过孔氏之门者,曰:"有心哉,击磬乎!"既而曰:"鄙哉!硁硁③乎!莫己知也,斯己而已矣。深则厉④,浅则揭⑤。"

子曰:"果哉!末之难⑥矣。"

译文

孔子在卫国,一次正在敲击磬,有一位背扛草筐的人从孔子的门前走过说:"这个击磬的人有深思啊!"一会儿又说:"声音硁硁的,真可鄙呀,没有人了解自己,为自己就好了。水深就穿着衣服趟过去,水浅就撩起衣服趟过去。"孔子说:"说得真干脆,没有什么可以责问他了。"

①磬:qìng,一种打击乐器的名称。②荷蒉:荷,肩扛。蒉,kuì,草筐。肩背着草筐。③硁硁:kēng,击磬的声音。④深则厉:水深,就穿着衣服涉

水过河。⑤浅则揭：水浅，就提起衣襟涉水过河。"深则厉，浅则揭"出自《诗经·国风·邶风·匏有苦叶》。⑥难：责问。

14.40 子张曰："《书》云：'高宗①谅阴②，三年不言。'何谓也？"子曰："何必高宗，古之人皆然。君薨③，百官总己以听于冢宰④三年。"

译文

子张说："《尚书》上说，'高宗守丧，三年不谈政事。'这是什么意思？"孔子说："不仅是高宗，古人都是这样。国君死了，朝廷百官都各管自己的职事，听命于宰相三年。"

---

①高宗：商王武丁。②谅阴：古时天子守丧之称。③薨：hōng，古代称诸侯或有爵位的大官死去。④冢宰：官名，相当于后世的宰相。

14.41 子曰："上好礼，则民易使也。"

译文

孔子说："在上位的人能依礼而行，那么百姓也就容易听从指挥了。"

14.42 子路问君子。子曰："修己以敬。"
曰："如斯而已乎？"曰："修己以安人①。"
曰："如斯而已乎？"曰："修己以安百姓②。修己以安百姓，尧舜其犹病诸？"

译文

子路问怎样做才算是君子。孔子说:"修养自己,保持严肃恭敬的态度。"子路说:"这样就够了吗?"孔子说:"修养自己,使上层的人安乐。"子路说:"这样就够了吗?"孔子说:"修养自己,使所有百姓都安乐。尧舜大概还没做到吧?"

---

①安人:使上层人物安乐。②安百姓:使老百姓安乐。

14.43 原壤①夷俟②。子曰:"幼而不孙弟③,长而无述焉,老而不死,是为贼。"以杖叩其胫。

译文

原壤双腿分开坐着等待孔子。孔子骂他说:"年幼的时候,你不懂得孝悌,长大了又没有什么可述说的成就,年老还不死,真是个害人虫。"说着,用手杖敲他的小腿。

---

①原壤:鲁国人,孔子的朋友。他母亲死了,他还大声歌唱,孔子认为这是大逆不道。②夷俟:夷,双腿分开而坐。俟,sì,等待。③孙弟:同"逊悌"。

14.44 阙党①童子将命②。或问之曰:"益者与?"子曰:"吾见其居于位③也,见其与先生并行也。非求益者也,欲速成者也。"

译文

阙里的一个童子来向孔子传话。有人问孔子:"这是个求上进的孩子吗?"孔子说:"我看见他坐在成年人的位子上,又见他和长辈并肩而行,他不是个求上进的人,只是个急于求成的人。"

---

①阙党:即阙里,孔子住的地方。②将命:在宾主之间传达言语。③居于位:童子与长者同坐。

卫灵公篇第十五

开篇是卫灵公问孔子军队之事,孔子避而不谈,体现其反对战争武力的思想。本篇谈论更多的则是关于道德修养方面的内容,即"言忠信,行笃敬""群而不党"等思想观点,孔子指出其道"一以贯之",再次强调"己所不欲,勿施于人"的"恕"德。"放郑声"一说体现了儒家的雅乐观。"辞达而已矣"则体现了儒家的言语观。"君子疾没世而名不称"更对中国古代士人产生了深远的影响。"人无远虑,必有近忧""道不同,不相为谋"等成为千古名言,"当仁不让于师"同于西方亚里士多德的"吾爱吾师,吾更爱真理"。

15.1 卫灵公问陈①于孔子。孔子对曰:"俎豆②之事,则尝闻之矣;军旅之事,未之学也。"明日遂行。

译文
卫灵公向孔子问军队列阵之法。孔子回答说:"祭祀礼仪方面的事情,我曾听说过;用兵打仗的事,从来没有学过。"第二天,孔子便离开了卫国。

①陈：同"阵"，军队作战时布列的阵势。②俎豆：俎，zǔ。俎和豆是古代盛肉食的器皿，被用作祭祀时的礼器。

15.2 在陈绝粮，从者病，莫能兴。子路愠①见曰："君子亦有穷乎？"子曰："君子固穷②，小人穷斯滥矣。"

译文

孔子在陈国断了粮食，随从的人都饿病了，爬不起床来。子路很生气地来见孔子，说道："君子也有穷得毫无办法的时候吗？"孔子说："君子虽然穷困，但还是坚持着，小人一遇穷困就无所不为了。"

①愠：yùn，怒、怨恨。②固穷：固守穷困，安守穷困。

15.3 子曰："赐也，女以予为多学而识之者与？"对曰："然，非与？"曰："非也。予一以贯之。"

译文

孔子说："赐啊！你以为我是多多学习才记住的吗？"子贡答道："是啊，难道不是这样吗？"孔子说："不是的。我是用一个根本的概念把它们贯穿起来的。"

15.4 子曰："由！知德者鲜矣。"

译文

孔子说:"由啊!懂得'德'的人太少了。"

15.5 子曰:"无为而治①者,其舜也与?夫②何为哉?恭己正南面而已矣。"

译文

孔子说:"能够无所作为而治理国家的人,大概只有舜吧?他做了些什么呢?只是庄严端正地坐在朝廷的王位上罢了。"

---

①无为而治:国家的统治者不必有所作为便可以治理国家了。②夫:代词,他。

15.6 子张问行①。子曰:"言忠信,行笃敬,虽蛮貊②之邦,行矣。言不忠信,行不笃敬,虽州里③,行乎哉?立则见其参④于前也,在舆则见其倚于衡⑤也,夫然后行。"子张书诸绅⑥。

译文

子张问如何才能使自己处处都能行得通。孔子说:"说话要忠诚守信,行事要忠厚恭敬,即使到了蛮貊地方,也可以行得通。说话不忠诚守信,行事不忠厚恭敬,即使在本乡本土,能行得通吗?站着,就仿佛看到忠信笃敬这几个字显现在面前,坐车,就好像看到这几个字刻在车辕前的横木上,这样才能使自己处处行得通。"子张把这些话写在腰间的大带上。

①行：通达的意思。②蛮貊：古人对少数民族的贬称。蛮在南方，貊，mò，在北方。③州里：五家为邻，五邻为里。五党为州，二千五百家。州里指近处。④参：列，显现。⑤衡：车辕前面的横木。⑥绅：贵族系在腰间的大带。

15.7 子曰："直哉史鱼①！邦有道，如矢；邦无道，如矢。君子哉蘧伯玉！邦有道，则仕；邦无道，则可卷②而怀之。"

译文

孔子说："史鱼真是正直啊！国家有道，他的言行就像箭一样直；国家无道，他的言行也像箭一样直。蘧伯玉也真是一位君子啊！国家有道就出来做官，国家无道就把自己的本领藏起来。

①史鱼：卫国大夫，名鳝，字子鱼，他多次向卫灵公推荐蘧伯玉。②卷：同"捲"。

15.8 子曰："可与言而不与之言，失人；不可与言而与之言，失言。知者不失人，亦不失言。"

译文

孔子说："可以同他说，却不同他说，这是错失人才；不可以同他说，却同他说，这是浪费言语。有智慧的人既不失去人才，也不浪费言语。"

15.9 子曰:"志士仁人,无求生以害仁,有杀身以成仁。"

译文

孔子说:"志士仁人,没有贪生怕死而损害仁的,只有牺牲自己来成全仁的。"

15.10 子贡问为仁。子曰:"工欲善其事,必先利其器。居是邦也,事其大夫之贤者,友其士之仁者。"

译文

子贡问怎样实行仁德。孔子说:"做工的人想把活儿做好,必须先使他的工具锋利。住在这个国家,就要侍奉那些大夫中的贤者,与那些士人中的仁者交朋友。"

15.11 颜渊问为邦。子曰:"行夏之时①,乘殷之辂②,服周之冕③,乐则《韶》《舞》④。放⑤郑声⑥,远⑦佞人。郑声淫,佞人殆⑧。"

译文

颜渊问怎样治理国家。孔子说:"用夏代的历法,乘殷代的车子,戴周代的礼帽,奏《韶》《舞》乐。禁绝郑国的乐曲。疏远花言巧语的人。郑国的乐曲浮靡不正,花言巧语的人太危险。"

---

①夏之时:夏代的历法,有利于农业生产。现在的农历采用的是夏历。

②殷之辂：辂，lù，天子所乘的车。殷代的车是木制成，比较朴实。③周之冕：周代的帽子。④《韶》、《舞》：《韶》是舜时的音乐，《舞》同《武》，周武王时的音乐。⑤放：禁绝、排斥、抛弃。⑥郑声：郑国的乐曲，孔子认为是淫声。⑦远：远离。⑧殆：危险。

15.12 子曰："人无远虑，必有近忧。"

译文

孔子说："人没有长远的考虑，一定会有眼前的忧患。"

15.13 子曰："已矣乎！吾未见好德如好色者也。"

译文

孔子说："完了，我从来没有见过喜欢美德如喜欢美貌的人。"

15.14 子曰："臧文仲①其窃位②者与！知柳下惠③之贤，而不与立也。"

译文

孔子说："臧文仲是一个窃取名位的人吧！他明知柳下惠是贤德的人，却不举荐他做官。"

---

①臧文仲：鲁国的大夫臧孙辰，历仕庄、闵、僖、文四朝。②窃位：才德不称，窃取名位。③柳下惠：春秋中期鲁国大夫，姓展名获，又名禽，他受封的地名是柳下，惠是他的私谥（并非由朝廷授予的谥号），所以，人称其为柳下惠。

15.15 子曰:"躬自厚而薄责于人,则远怨矣。"

译文

孔子说:"多责备自己而少责备别人,就可以避免别人的怨恨了。"

15.16 子曰:"不曰'如之何①,如之何'者,吾末②如之何也已矣。"

译文

孔子说:"不说'怎么办,怎么办'的人,我对他也不知道怎么办了。"

---

①如之何:怎么办。②末:这里指没有办法。

15.17 子曰:"群居终日,言不及义,好行小慧,难矣哉!"

译文

孔子说:"整天聚在一起,说的话都达不到义的标准,喜欢卖弄小聪明,这种人真难教导!"

15.18 子曰:"君子义以为质,礼以行之,孙①以出之,信以成之。君子哉!"

译文

孔子说:"君子以义作为根本,用礼加以实行,用谦逊的语言来表达,用诚信的态度来完成。这就是君子了!"

---

①孙:通"逊",谦逊。

15.19 子曰:"君子病无能焉,不病人之不己知也。"

译文

孔子说:"君子只担心自己没有才能,不担心别人不知道自己。"

15.20 子曰:"君子疾①没世②而名不称焉。"

译文

孔子说:"君子遗恨的是自己死了以后他的名声不被人们所称颂。"

---

①疾:恨。②没世:死亡之后。

15.21 子曰:"君子求诸己,小人求诸人。"

译文

孔子说:"君子要求自己,小人要求别人。"

15.22 子曰:"君子矜①而不争,群而不党②。"

译文

孔子说:"君子庄重而不与别人争执,合群而不结党营私。"

---

①矜:jīn,庄重。②党:古代地方组织,以五百家为一党。这里指结党营私。

15.23 子曰:"君子不以言举人,不以人废言。"

译文

孔子说:"君子不因为一个人说的话来举荐他,也不因为一个人不好而不采纳他的话。"

15.24 子贡问曰:"有一言而可以终身行之者乎?"子曰:"其恕乎!己所不欲,勿施于人。"

译文

子贡问孔子:"有没有一句话可以终身奉行呢?"孔子回答说:"大概就是'恕'吧!自己不想要的,就不要强加给别人。"

15.25 子曰:"吾之于人也,谁毁谁誉?如有所誉者,其有所试矣。斯民也,三代之所以直道而行也。"

译文

孔子说:"我对于别人,诋毁过谁?赞美过谁?如果有所赞美,那应该是经过考验的。夏商周三代的人都是这样做的,所以三代能直道而行。"

15.26 子曰:"吾犹及史之阙文①也。有马者借人乘之,今亡矣夫。"

译文

孔子说:"我还能够看到史书存疑缺记的地方。有马的人先让别人使用,这种人,今天没有了吧。"

---

①阙文:史官记史,存疑处就缺而不写,称为阙文。

15.27 子曰:"巧言乱德。小不忍,则乱大谋。"

译文

孔子说:"花言巧语就会败坏人的德行。小事情不能忍耐,就会败坏大事情。"

15.28 子曰:"众恶之,必察焉;众好之,必察焉。"

译文

孔子说:"大家都厌恶他,我必须考察一下;大家都喜欢他,我也一定要考察一下。"

15.29 子曰："人能弘道，非道弘人。"

译文

孔子说："人能够使道发扬光大，不是用道来弘扬人。"

15.30 子曰："过而不改，是谓过矣。"

译文

孔子说："有了过错而不改正，这才真叫过错了。"

15.31 子曰："吾尝终日不食，终夜不寝，以思，无益，不如学也。"

译文

孔子说："我曾经整天不吃饭，整晚不睡觉，左思右想，结果没有什么好处，不如去学习。"

15.32 子曰："君子谋道不谋食。耕也，馁①在其中矣；学也，禄②在其中矣。君子忧道不忧贫。"

译文

孔子说："君子只谋求道而不谋求衣食。耕田，也常会饿肚子；学习，可以得到俸禄。君子只担心能不能得道，不担心贫穷。"

---

①馁：něi，饥饿。②禄：古代官吏的俸给。

15.33 子曰:"知及之①,仁不能守之;虽得之,必失之;知及之,仁能守之。不庄以莅②之,则民不敬。知及之,仁能守之,庄以莅之,动之不以礼,未善也。"

译文

孔子说:"凭借聪明才智足以得到天下,但仁德不能保持它;就是得到,也一定会丧失;凭借聪明才智足以得到天下,仁德可以保持它。不用严肃态度来治理百姓,那么百姓就会不恭敬。聪明才智足以得到它,仁德可以保持它,能用严肃态度来治理百姓,但动员百姓时不照礼的要求,那也是不完善的。"

---

①知及之:知,同"智"。之,一说是指百姓,一说是指国家。此处我们认为指国家。②莅:lì,临、到。

15.34 子曰:"君子不可小知①而可大受②也,小人不可大受而可小知也。"

译文

孔子说:"君子不可以用小事情考验他,但可以让他们承担重大的使命。小人不能让他们承担重大的使命,但可以用小事情考验他。"

---

①小知:知,作为。小知,意思是做小事情。②大受:受,责任、使命。大受,意思是承担大任。

15.35 子曰:"民之于仁也,甚于水火。水火,吾见蹈而死者矣,未见蹈仁而死者也。"

译文

孔子说:"百姓对于仁,比对于水(的需要)更迫切。我只见过人跳到水火中而死的,却没有见过实行仁而死的。"

15.36 子曰:"当仁,不让于师。"

译文

孔子说:"面对着仁德,就是老师,也不同他谦让。"

15.37 子曰:"君子贞①而不谅②。"

译文

孔子说:"君子坚守正道而不拘泥于小信。"

---

①贞:一说是"正"的意思,一说是"大信"的意思。这里选用"正"的说法。②谅:信,守信用。

15.38 子曰:"事君,敬其事而后其食①。"

译文

孔子说:"侍奉君主,认真办事而把领取俸禄的事放在后面。"

①食:食禄,俸禄。

15.39 子曰:"有教无类。"

译文
孔子说:"人人都可以接受教育,不分族类。"

15.40 子曰:"道不同,不相为谋。"

译文
孔子说:"主张的道不一样,不互相商议。"

15.41 子曰:"辞达而已矣。"

译文
孔子说:"言辞只要能表达意思就行了。"

15.42 师冕①见,及阶,子曰:"阶也。"及席,子曰:"席也。"皆坐,子告之曰:"某在斯,某在斯。"
　　师冕出。子张问曰:"与师言之道与?"子曰:"然;固相②师之道也。"

译文
乐师冕来见孔子,走到台阶沿,孔子说:"这是台阶。"走到坐席旁,孔子说:"这是坐席。"等大家都坐下来,孔子告诉他:"某某在这里,某某在这里。"

师冕走了以后,子张问孔子:"这就是与乐师谈话的方式吗?"孔子说:"是的,这本来是帮助乐师的方式。"

---

①师冕:师,乐师;冕,人名。古代乐官一般用盲人充当。②相:帮助。

季氏篇第十六

季氏篇首先记录了孔子对季氏征伐颛臾的态度,他批评弟子冉有、季路未能尽其职劝止季氏,并指出治国者应该关注国内百姓的贫寡问题,通过修文德以服远人。此外,针对季氏讨伐颛臾,孔子认为季孙之忧在萧墙之内,"祸起萧墙"一词就是出自此处。"陈亢问于伯鱼"一则,体现了孔子对诗、礼的重视和不隐于他人、不偏爱其亲的品德。此篇亦多言道德修养方面,总结出益者三友、损者三友、益者三乐、损者三乐、三愆、三戒、三畏、九思等具体的内容,这些对现代人有着重要的意义。

16.1 季氏将伐颛臾①。冉有、季路见于孔子曰:"季氏将有事②于颛臾。"

孔子曰:"求!无乃尔是过与?夫颛臾,昔者先王以为东蒙主③,且在邦域之中矣,是社稷之臣也。何以伐为?"

冉有曰:"夫子欲之,吾二臣者皆不欲也。"

孔子曰:"求!周任④有言曰:'陈力就列⑤,不能者止。'危而不持，颠而不扶，则将焉用彼相⑥矣？且尔言过矣。虎兕⑦出于柙⑧，龟玉毁于椟⑨中，是谁之过与？"

冉有曰："今夫颛臾，固而近于费⑩，今不取，后世必为子孙忧。"

孔子曰："求！君子疾夫舍曰欲之而必为之辞。丘也闻有国有家者，不患寡而患不均，不患贫而患不安。盖均无贫，和无寡，安无倾。夫如是，故远人不服，则修文德以来之。既来之，则安之。今由与求也，相夫子，远人不服而不能来也；邦分崩离析而不能守也，而谋动干戈于邦内。吾恐季孙之忧，不在颛臾，而在萧墙之内⑪也。"

译文

季氏将要讨伐颛臾。冉有、子路去见孔子说："季氏快要攻打颛臾了。"

孔子说："冉求，这不就是你的过错吗？颛臾从前是周天子让它主持东蒙祭祀的，而且已经在鲁国的疆域之内，是国家的臣属。为什么要讨伐它呢？"

冉有说："季孙大夫想去攻打，我们两个人都不愿意。"

孔子说："冉求，周任有句话说：'尽自己的力量去担任你的职务，实在做不好就辞职。'有了危险不去扶助，跌倒了不去搀扶，那还用辅助的人干什么呢？而且你说的话错了。老虎、犀牛从笼子里跑出来，龟甲、玉器在匣子里毁坏了，这是谁的过错呢？"

冉有说："现在颛臾城墙坚固，而且离季孙的封地很近。现在不把它夺取过来，将来一定会成为子孙的忧患。"

孔子说："冉求，君子痛恨那种不肯实说自己想要那样做却又一定要找出理由来为之辩解的做法。我听说，对于诸侯和大夫，不怕贫穷，而怕财富不均；不怕人口少，而怕不安定。如果财富平均了，也就没有所谓贫穷；民众和睦，就不会感到人少；国家安定了，也就没有倾覆的危险了。做到这样，如果远方的人还不归服，那么就用仁、义、礼、乐招徕他们；已经来了，就让他们安心住下去。现在，仲由和冉求你们两个人辅助季氏，远方的人不归服，而不能招徕他们；国家支离分散，却不能保全，反而策划在国内使用武力。我只怕季孙的忧患不在颛臾，而是在自己的宫廷内部啊！"

---

①颛臾：zhuān yú，鲁国的附属国，在今山东省费县西。②有事：指有军事行动，用兵作战。③东蒙主：东蒙，蒙山。主，指主持祭祀的人。④周任：人名，周代的史官。⑤陈力就列：发挥能力，按才力担任适当的职务。⑥相：搀扶盲人的人叫相，这里是辅助的意思。⑦兕：sì，雌性犀牛。⑧柙：xiá，用以关押野兽的木笼。⑨椟：dú，匣子。⑩费：bì，季氏的封地。⑪萧墙之内：萧墙，照壁屏风。萧墙之内，则指宫廷之内。

16.2 孔子曰："天下有道，则礼乐征伐自天子出；天下无道，则礼乐征伐自诸侯出。自诸侯出，盖十世①希②不失矣；自大夫出，五世希不失矣；陪臣③执国命，三世希不失矣。天下有道，则政不在大夫。天下有道，则庶人不议。"

译文

孔子说:"天下有道,制礼作乐和军事征伐,都由天子做决定;天下无道,制礼作乐和军事征伐,由诸侯做决定。由诸侯做决定,大概传十代就很少有不丧失政权的;由大夫做决定,传五代就很少有不丧失政权的;由家臣来掌握国家的命运,传三代就很少有不丧失政权的。天下有道,国家政权不会落在大夫手里。天下有道,黎民百姓就不议论朝政了。"

---

①十世:世,代。十世,即十代。②希:同"稀",少有。③陪臣:卿大夫的家臣。

16.3 孔子曰:"禄之去公室五世矣①,政逮②于大夫四世③矣,故夫三桓④之子孙微矣。"

译文

孔子说:"(鲁国的国君)失去国家政权有五代了,政权落在大夫(季孙氏)手里有四代了,所以,三桓的子孙衰微了。"

---

①禄:爵禄。这里代指国家政权。公室:指鲁国朝廷。五世:五代。公元前608年,鲁文公死,大夫东门遂(襄仲)杀嫡长子子赤而立宣公,掌握了鲁国政权。宣公死,政权实际上落在季氏手中。到孔子说这段话时,已又经鲁成公、鲁襄公、鲁昭公,到鲁定公,共五代。②逮:及,到。③四世:公元前591年,鲁宣公死,季文子驱逐了东门氏,此后,由季氏为正卿,掌握了鲁国政权。从文子、武子、平子、桓子,到孔子说这段话时,正为四代。④三桓:即鲁国的"三卿",季孙氏,叔孙氏,孟孙(即仲孙)氏。因

211

这三家都是鲁桓公的后代，故称"三桓"。

16.4 孔子曰："益者三友，损者三友。友直，友谅①，友多闻，益矣。友便辟②，友善柔③，友便佞④，损矣。"

译文

孔子说："有益的朋友有三种，有害的朋友也有三种。与正直的人交友，与诚信的人交友，与见闻广博的人交友，是有益的。与阿谀奉承的人交友，与表面和颜悦色的人交友，与花言巧语的人交友，是有害的。"

---

①谅：诚实。②便辟：pián pì，指阿谀奉承。③善柔：指表面和颜悦色，内心毁谤。④便佞：pián nìng，善于花言巧语，而言不符实。

16.5 孔子曰："益者三乐，损者三乐。乐节礼乐，乐道人之善，乐多贤友，益矣。乐骄乐，乐佚①游，乐宴乐，损矣。"

译文

孔子说："有益的快乐有三种，有损的快乐也有三种。以得到礼乐的调节为快乐，以称道别人的优点为快乐，以多交贤德的友人为快乐，是有益的。以骄奢放肆为快乐，以闲佚游荡为快乐，以宴饮纵欲为快乐，是有害的。"

---

①佚：同"逸"。安闲，休息。

16.6 孔子曰:"侍于君子有三愆①:言未及之而言谓之躁,言及之而不言谓之隐②,未见颜色而言谓之瞽③。"

译文

孔子说:"侍奉君子容易犯三种过失:还没有轮到你说话就先说了,叫做急躁;轮到你说话却不说,叫做隐瞒;不看君子的脸色而说话,叫做瞎眼。"

---

①愆:qiān,过失、差错、失误。②隐:隐瞒,有意缄默。③瞽:gǔ,双目失明,盲人。这里比喻不能察言观色,说话不看时机就如盲人一样。

16.7 孔子曰:"君子有三戒:少之时,血气未定①,戒之在色;及其壮也,血气方刚,戒之在斗;及其老也,血气既衰,戒之在得②。"

译文

孔子说:"君子有三件事要警惕戒备:年轻时,血气还未成熟,要警惕贪恋女色;到了壮年时,血气正旺盛,要警惕争强好斗;到了老年时,血气已衰弱,要警惕贪得无厌。"

---

①未定:未成熟,未固定。②得:泛指对于名誉、地位、钱财、女色等的贪欲、贪求。

16.8 孔子曰:"君子有三畏①:畏天命,畏大人②,畏圣人之言。小人不知天命而不畏也,狎③大人,侮圣人之言。"

译文

孔子说:"君子敬畏的有三件事:敬畏天命,敬畏在高位的人,敬畏圣人的话。小人不知天命因而不怕,轻视在上位的人,轻侮圣人的话。"

---

①畏:怕。这里指心存敬畏,敬服。②大人:指处于高位的人。③狎:xiá,轻慢、不尊重。

16.9 孔子曰:"生而知之者,上也;学而知之者,次也;困而学之,又其次也;困而不学,民斯为下矣。"

译文

孔子说:"生来就知道的人,是上等;经过学习而后知道的人,是次一等;遇到困难而学习的人,是再次一等;遇到困难而不学习,这样的百姓就是下等了。"

16.10 孔子曰:"君子有九思:视思明,听思聪,色思温,貌思恭,言思忠,事思敬,疑思问,忿思难,见得思义。"

译文

孔子说:"君子在九个方面多用心考虑:看,考虑是否看得清楚;听,考虑是否听得明白;脸色,考虑是否温和;态度,考虑是否庄重恭敬;说话,考虑是否忠诚老实;做事,考虑是否认真谨慎;有疑难,考虑应该询问请教别人;发火发怒,考虑是否会产生后患;看见可得的,考虑是否合于仁义。"

16.11 孔子曰:"见善如不及,见不善如探汤①。吾见其人矣,吾闻其语矣。隐居以求其志,行义以达其道。吾闻其语矣,未见其人也。"

译文

孔子说:"看到善良,就好像赶不上一样努力追求,看到不善良,就好像把手伸到开水中一样赶快避开。我见到过这样的人,也听到过这样的话。隐居避世来保全自己的志向,依照仁义而实行贯彻自己的主张。我听到过这种话,却没有见到过这样的人。"

①汤:开水、沸水。

16.12 齐景公有马千驷①,死之日,民无德而称焉。伯夷、叔齐饿于首阳之下,民到于今称之。其斯之谓与?

译文

齐景公有马四千匹,死的时候,百姓觉得他没有什么德行可以称颂。伯夷、叔齐饿死在首阳山下,百姓到现在还在称颂他们。说的就是这个意思吧!

---

①千驷:四千匹。

16.13 陈亢①问于伯鱼曰:"子亦有异闻②乎?"

对曰:"未也。尝独立,鲤趋而过庭。曰:'学诗乎?'对曰:'未也。''不学诗,无以言。'鲤退而学诗。他日,又独立,鲤趋而过庭。曰:'学礼乎?'对曰:'未也。''不学礼,无以立。'鲤退而学礼。闻斯二者。"

陈亢退而喜曰:"问一得三:闻诗,闻礼,又闻君子之远③其子也。"

译文

陈亢问伯鱼:"你在老师那里听到过什么特别的教诲吗?"

伯鱼回答说:"没有呀。有一次他独自站在堂上,我快步地从庭中走过,他问我:'学诗了吗?'我回答说:'没有。'他说:'不学诗,就不懂得怎么说话。'我回去就学诗。又有一天,他又独自站在堂上,我快步地从庭中走过,他问道:'学礼了吗?'我回答说:'没有。'他说:'不学礼就不懂得怎样立身。'我回去就学礼。我就听到过这两件事。"

陈亢回去高兴地说:"我问一件事情,得到三方面的收获,听了诗的道理,听了礼的道理,又听了君子不偏爱自己儿子的道理。"

①陈亢：亢，gāng，即陈子禽。②异闻：这里指不同于对其他学生所讲的内容。③远：不亲近，不偏爱。

16.14 邦君之妻，君称之曰夫人，夫人自称曰小童；邦人称之曰君夫人，称诸异邦曰寡小君；异邦人称之亦曰君夫人。

译文

国君的妻子，国君称她为夫人，夫人自称为小童；国人称她为君夫人，对他国人则称她为寡小君；他国人也称她为君夫人。

阳货篇第十七

本篇首先记载的是孔子出仕前回拜阳货途中与阳货的对话，由于阳货的劝导，孔子决定出仕弘道。孔子虽然是儒家圣人的代表，但偶尔也会有小错误，如"子之武城"一则，子游指出其过失，孔子欣然接受并改正，体现孔子自己所说的"知错能改"之品德。此篇中记载的孔子将去畔国为官的行为，也受到了弟子门的不理解，但孔子认为这是实行自己的仁政，不论在什么地方都不能改变其志行，表明了孔子行道之坚定。文中《诗》可以"兴""观""群""怨"之说，是孔子重要的文学批评观，而"三年之丧"的讨论表明了孔子对礼的极度重视，但这种礼不仅仅是形式上的，更重要的是内容。文中还提出了五者、六言六蔽等观点，批评了乡原、鄙夫、小人与女子等人。

17.1 阳货[①]欲见孔子，孔子不见，归孔子豚[②]。
孔子时其亡[③]也，而往拜之。
遇诸途。
谓孔子曰："来！予与尔言。"曰："怀其宝而迷其邦，可谓仁乎？"曰："不可。""好从事而亟[④]失时，可谓知乎?"曰:"不可。""日月逝矣,岁不我与⑤。"

孔子曰:"诺,吾将仕矣。"

译文

阳货想见孔子,孔子不见,他便赠送给孔子一只熟小猪(让孔子去拜谢他)。孔子等到阳货不在家时,往阳货家拜谢,却在半路上遇见了他。阳货对孔子说:"来,我有话要跟你说。"阳货说:"把自己的本领藏起来而听任国家迷乱,这可以叫做仁吗?"(孔子回答)说:"不可以。"(阳货)说:"一个人喜欢参与政事而又屡次错过机会,这可以说是智吗?"(孔子回答)说:"不可以。"(阳货又)说:"时间一天天过去了,年岁不等人。"孔子说:"好吧,我将要去做官了。"

---

①阳货:又叫阳虎,季氏的家臣。②归孔子豚:归,同"馈",赠送。豚,tún,小猪。赠送给孔子一只熟小猪。按当时礼节,大夫赠送东西给士,如果受赠者没在家,应先登门拜谢。③时其亡:等他外出的时候。④亟:qì,屡次。⑤与:在一起,等待。

17.2 子曰:"性相近也,习相远也。"

译文

孔子说:"人的本性是相近的,由于后天所处的环境不同才相互有了差别。"

17.3 子曰:"唯上知与下愚不移。"

译文

孔子说:"只有上等的智者与下等的愚者是改变不了的。"

17.4 子之武城①,闻弦歌②之声。夫子莞尔而笑,曰:"割鸡焉用牛刀?"

子游对曰:"昔者偃也闻诸夫子曰:'君子学道则爱人,小人学道则易使也。'"

子曰:"二三子!偃之言是也。前言戏之耳。"

译文

孔子到武城,听见弹琴唱歌的声音。孔子微笑着说:"杀鸡何必用宰牛的刀呢?"子游回答说:"以前我听先生说过,'君子学习了道就能爱人,老百姓学习了道就容易听使唤。'"孔子说:"学生们,言偃的话是对的。我刚才说的话只是开个玩笑而已。"

---

①武城:地名,鲁国的一个小城,当时子游是武城宰。②弦歌:弦,指琴瑟。用琴瑟伴奏歌唱。

17.5 公山弗扰①以费畔②,召,子欲往。

子路不说,曰:"末之也已③,何必公山氏之之也④?"

子曰:"夫召我者,而岂徒⑤哉?如有用我者,吾其为东周乎?"

译文

公山弗扰盘踞费邑图谋反叛,来召孔子,孔子准备前去。子路不高兴地说:"没有地方去就算了,为什么一定要去公山弗扰那里呢?"孔子说:"那个召我去的人,难道是白白召我去的吗?如果有人用我,我将要在东方复兴周礼。"

---

①公山弗扰:人名,又称公山不狃,字子洩,季氏的家臣。②畔:同"叛",反叛。③末之也,已:末,无。之,到、往。末之,无处去。已,止、算了。④之之也:第一个"之"字是助词,后一个"之"字是动词,去、到的意思。⑤徒:徒然。

17.6 子张问仁于孔子。孔子曰:"能行五者于天下为仁矣。"

"请问之。"曰:"恭,宽,信,敏,惠。恭则不侮,宽则得众,信则人任焉,敏则有功,惠则足以使人。"

译文

子张向孔子问什么是仁。孔子说:"能够处处实行五种品德,就是仁了。"

子张说:"请问是哪五种。"孔子说:"恭敬、宽厚、诚信、勤敏、慈惠。恭敬就不会遭受侮辱,宽厚就会得到众人的拥护,诚信就会得到别人的任用,勤敏就会得到成功,慈惠就会使唤人。"

17.7 佛肸①召,子欲往。

子路曰:"昔者由也闻诸夫子曰:'亲于其身为不善者,君子不入也。'佛肸以中牟②畔,子之往也,如之何?"

子曰:"然,有是言也。不曰坚乎,磨而不磷③?不曰白乎，涅④而不缁⑤？吾岂匏瓜⑥也哉？焉能系⑦而不食？"

译文

佛肸召孔子去，孔子打算前往。

子路说："从前我听先生说过：'亲自做坏事的人那里，君子是不去的。'现在佛肸在中牟反叛，你却要去，这如何解释呢？"孔子说："是的，我说过这样的话。但是不是说坚硬的东西磨也磨不坏吗？不是说洁白的东西染也染不黑吗？我难道是个苦味的葫芦吗？怎么能只挂着而不能让人吃呢？"

①佛肸：bì xī，晋国大夫范氏家臣，中牟城地方官。②中牟：地名，在晋国，约在今河北邢台与邯郸之间。③磷：lìn，损伤。④涅：一种矿物质，可用作颜料染衣服。这里作动词，指染黑。⑤缁：zī，黑色。⑥匏瓜：一种葫芦，味苦不能吃。匏，páo。⑦系：jì，结、扣。

17.8 子曰："由也！女闻六言六蔽矣乎？"对曰："未也。"

"居①！吾语女。好仁不好学，其蔽也愚②；好知不好学，其蔽也荡③；好信不好学，其蔽也贼④；好直不好学，其蔽也绞⑤；好勇不好学，其蔽也乱；好刚不好学，其蔽也狂。"

译文

孔子说："由呀，你听说过六种品德和六种弊病吗？"子路回答说："没有。"

孔子说："坐下，我告诉你。爱好仁德而不爱好学习，它的弊病是受人愚弄；爱好智慧而不爱好学习，它的弊病是行为放荡；爱好诚信而不爱好学习，它的弊病是危害亲人；爱好直率却不爱好学习，它的弊病是说话尖刻；爱好勇敢却不爱好学习，它的弊病是犯上作乱；爱好刚强却不爱好学习，它的弊病是狂妄自大。"

①居：坐。②愚：受人愚弄。③荡：放荡，好高骛远而没有根基。④贼：害。⑤绞：说话尖刻。

17.9 子曰："小子何莫学夫诗？诗，可以兴①，可以观②，可以群③，可以怨④。迩⑤之事父，远之事君；多识于鸟兽草木之名。"

译文
孔子说："学生们为什么不学习《诗》呢？学《诗》可以激发情志，可以观察天地万物及人间的盛衰与得失，可以使人懂得合群的必要，可以使人懂得怎样去讽谏上级。近的可以用来侍奉父母，远的可以侍奉君主；还可以多知道一些鸟兽草木的名字。"

①兴：激发感情。②观：观察了解天地万物与人间万象。③群：合群。④怨：讽谏上级，怨而不怒。⑤迩：ěr，近。

17.10 子谓伯鱼曰："女为《周南》《召南》①矣乎？人而不为《周南》《召南》，其犹正墙面而立②也与？"

译文

孔子对伯鱼说:"你学习《周南》《召南》了吗?一个人如果不学习《周南》《召南》,那就像面对墙壁站着吧!"

---

①《周南》《召南》:《诗经·国风》中的第一、二两篇篇名。周南和召南都是地名。这里指当地的民歌。②正墙面而立:面向墙壁站立着,指看不见任何东西。

17.11 子曰:"礼云礼云,玉帛云乎哉?乐云乐云,钟鼓云乎哉?"

译文

孔子说:"礼呀礼呀,只是指玉帛之类的礼器吗?乐呀乐呀,只是指钟鼓之类的乐器吗?"

17.12 子曰:"色厉而内荏①,譬诸小人,其犹穿窬②之盗也与?"

译文

孔子说:"外表严厉而内心怯弱,以小人作比喻,就像是挖墙洞的小偷吧?"

---

①色厉而内荏:厉,威严;荏,怯弱。外表严厉而内心怯弱。②窬:yú,洞。

17.13 子曰:"乡愿①,德之贼也。"

译文

孔子说:"没有是非准则的好好先生,就是破坏道德的人。"

---

①乡愿:愿,yuàn。乡愿指不讲是非,对任何人任何事都不得罪的好好先生。

17.14 子曰:"道听而途说,德之弃也。"

译文

孔子说:"在路上听到传言(不加考证)就到处传播,这是背弃道德。"

17.15 子曰:"鄙夫可与事君也与哉?其未得之也,患得之。既得之,患失之。苟患失之,无所不至矣。"

译文

孔子说:"可以和一个鄙夫共同侍奉君主吗?他在没有得到官位时,总担心得不到。已经得到了,又怕失去它。如果他担心失掉官职,那他就什么事都干得出来了。"

17.16 子曰:"古者民有三疾,今也或是之亡也。古之狂①也肆②,今之狂也荡③;古之矜也廉④,今之矜也忿戾⑤;古之愚也直,今之愚也诈而已矣。"

译文

孔子说:"古代人有三种毛病,现在恐怕连这三种毛病也没有了。古代的狂妄者不过是愿望太高,而现在的狂妄者却是放荡不羁;古代骄傲的人不过是不可触犯,而现在那些骄傲的人却是蛮横不讲理;古代愚笨的人不过是直率一些,现在愚笨的人只是欺诈罢了!"

①狂:狂妄自大,愿望太高。②肆:肆意直言。③荡:放荡不羁。④廉:不可触犯。⑤戾:火气太大,蛮横不讲理。

17.17 子曰:"巧言令色,鲜矣仁。"

译文

孔子说:"花言巧语,假装讨好的面容,这种人少有仁德。"

17.18 子曰:"恶紫之夺朱也,恶郑声之乱雅乐也,恶利口之覆邦家者。"

译文

孔子说:"我厌恶用紫色取代红色,厌恶用郑国的声乐扰乱雅乐,厌恶用伶牙利齿颠覆国家的人。"

17.19 子曰:"予欲无言。"子贡曰:"子如不言,则小子何述焉?"子曰:"天何言哉?四时行焉,百物生焉。天何言哉?"

译文

孔子说:"我想不说话了。"子贡说:"您如果不说话,那么我们这些学生还传述什么呢?"孔子说:"天说了什么话呢?四季照常运行,百物照样生长。天说了什么话呢?"

17.20 孺悲①欲见孔子,孔子辞以疾。将命者出户,取瑟而歌,使之闻之。

译文

孺悲想拜见孔子,孔子以有病为由推辞不见。传话的人刚出门,(孔子)就取来瑟边弹边唱,(有意)让孺悲听到。

---

①孺悲:鲁国人,鲁哀公曾派他向孔子学礼。

17.21 宰我问:"三年之丧,期已久矣。君子三年不为礼,礼必坏;三年不为乐,乐必崩。旧谷既没,新谷既升,钻燧改火①,期②可已矣。"

子曰:"食夫稻③,衣夫锦,于汝安乎?"

曰:"安。"

"女安,则为之!夫君子之居丧,食旨④不甘,闻乐不乐,居处不安,故不为也。今女安,则为之!"宰我出。子曰:"予之不仁也!子生三年,然后免于父母之怀。夫三年之丧,天下之通丧也。予也有三年之爱于其父母乎?"

译文

宰我问:"服丧三年,时间太长了。君子三年不学习礼仪,礼仪必然会败坏;三年不演奏音乐,音乐就会荒废。旧谷吃完,新谷登场,钻燧取火的木头轮过了一遍,一年的时间就可以了。"孔子说:"(才一年的时间)你就吃大米饭,穿了锦缎衣,你心安吗?"

宰我说:"我心安。"

孔子说:"你心安,你就那样去做吧!君子守丧,吃美味不觉得香甜,听音乐不觉得快乐,住在家里不觉得舒服,所以不那样做。如今你觉得心安,你就那样去做吧!"宰我出去后,孔子说:"宰予真是不仁啊!小孩生下来,到三岁时才能离开父母的怀抱。服丧三年,这是天下通行的丧礼。难道宰予对他的父母没有三年的爱吗?"

---

①钻燧改火:古人钻木取火,四季所用木头不同,每年轮一遍,叫改火。②期:jī,一年。③食夫稻:古代北方少种稻米,故大米很珍贵。这里是说吃好的。④旨:甜美,指吃好的食物。

17.22 子曰:"饱食终日,无所用心,难矣哉!不有博弈①者乎?为之,犹贤乎已。"

译文

孔子说:"整天吃饱了饭,也不用什么心思,真是难啊!不是还有玩博和下棋的游戏吗?干这个,也比闲着好。"

①博弈：博，指古代的一种游戏。弈，指下围棋。

17.23 子路曰："君子尚勇乎？"子曰："君子义以为上，君子有勇而无义为乱，小人有勇而无义为盗。"

译文

子路说："君子崇尚勇敢吗？"孔子答道："君子以义作为最高尚的品德，君子有勇无义就会作乱，小人有勇无义就会偷盗。"

17.24 子贡曰："君子亦有恶①乎？"子曰："有恶：恶称人之恶者，恶居下流②而讪③上者，恶勇而无礼者，恶果敢而窒④者。"

曰："赐也亦有恶乎？""恶徼⑤以为知⑥者，恶不孙⑦以为勇者，恶讦⑧以为直者。"

译文

子贡说："君子也有厌恶的事吗？"孔子说："有厌恶的事。厌恶宣扬别人坏处的人，厌恶身居下位而诽谤上级的人，厌恶勇敢而不懂礼节的人，厌恶果断而又顽固不化的人。"

（孔子又）说："赐，你也有厌恶的事吗？"（子贡说：）"厌恶偷袭别人的东西而作为自己知识的人，厌恶不谦虚而自以为勇敢的人，厌恶揭发别人的隐私而自以为直率的人。"

①恶：厌恶。②下流：下等的，在下的。③讪：shàn，诽谤。④窒：阻塞，指不通事理，顽固不化。⑤徼：jiǎo，窃取、抄袭。⑥知：同"智"。⑦孙：同"逊"。⑧讦：jié，攻击、揭发别人。

17.25 子曰："唯女子与小人为难养也。近之则不孙，远之则怨。"

译文

孔子说："只有女子和小人是难以教养的。亲近他们，他们就会无礼；疏远他们，他们就会怨恨。"

17.26 子曰："年四十而见恶焉，其终也已。"

译文

孔子说："到了四十岁的时候还被人所厌恶，他的一生也就完了。"

微子篇第十八

本篇主要是讲孔子对古人的认识:微子、箕子、比干虽行为不同,但同为仁人;伯夷、叔齐"不降其志,不辱其身";柳下惠"直道而事人",但"降志辱身"等,从而表明自己不与古人同、"无可无不可"的中庸态度。篇中子路遇长沮、桀溺和丈人之事,反映了当时隐士的认识,而孔子言"鸟兽不可与同群",子路言"君子之仕也,行其义也"也体现了儒家明知道不可行但不废其行的勇气与担当。楚狂接舆之事也成为后代文人常用的典故。

18.1 微子去之,箕子为之奴,比干谏而死。孔子曰:"殷有三仁焉。"

译文

微子离开了纣王,箕子做了他的奴隶,比干劝谏而被杀。孔子说:"殷朝有三位仁人。"

---

①微子:殷纣王的同母兄长,见纣王无道,劝他不听,遂离开纣王。②

箕子：箕，jī。殷纣王的叔父。他去劝纣王，纣王不听，便披发装疯，被囚禁降为奴隶。③比干：殷纣王的叔父，屡次强谏，激怒纣王而被杀。

18.2 柳下惠为士师①，三黜②。人曰："子未可以去乎？"曰："直道而事人，焉往而不三黜？枉道而事人，何必去父母之邦？"

译文

柳下惠当典狱官，三次被罢免。有人说："你不可以离开鲁国吗？"柳下惠说："按正道侍奉君主，到哪里不会被多次罢官呢？如果不按正道侍奉君主，为什么一定要离开本国呢？"

---

①士师：典狱官，掌管刑狱。②黜：罢免不用。

18.3 齐景公待孔子曰："若季氏，则吾不能；以季、孟之间待之。"曰："吾老矣，不能用也。"孔子行。

译文

齐景公讲到如何对待孔子时说："像鲁君对待季氏那样，我做不到；介于季氏和孟氏之间的待遇对待他。"又说："我老了，不能用他了。"孔子就离开了齐国。

18.4 齐人归①女乐，季桓子②受之，三日不朝，孔子行。

译文

齐国人赠送了一些歌女给鲁国,季桓子接受了,三天不上朝。孔子离开了。

---

①归:同"馈",赠送。②季桓子:鲁国宰相季孙斯。

18.5 楚狂接舆①歌而过孔子曰:"凤兮凤兮!何德之衰?往者不可谏,来者犹可追。已而,已而!今之从政者殆而!"

孔子下,欲与之言,趋而避之,不得与之言。

译文

楚国的狂人接舆唱着歌从孔子的车旁走过,他唱道:"凤凰啊,凤凰啊!你的德运怎么这么衰微呢?过去的已经不能挽回,未来的还来得及改正。算了吧,算了吧!现在的执政者危险啊!"

孔子下车,想同他说话,他却快步避开,孔子没能和他交谈。

---

①接舆:楚国的一位隐者。

18.6 长沮、桀溺①耦而耕②,孔子过之,使子路问津③焉。

长沮曰:"夫执舆④者为谁?"

子路曰:"为孔丘。"

曰:"是鲁孔丘与?"

曰:"是也。"

曰:"是知津矣。"

问于桀溺。

桀溺曰:"子为谁?"

曰:"为仲由。"

曰:"是鲁孔丘之徒与?"

对曰:"然。"

曰:"滔滔者天下皆是也,而谁以易之?且而与其从辟⑤人之士也,岂若从辟世之士哉?"耰⑥而不辍。

子路行以告。

夫子怃然⑦曰:"鸟兽不可与同群,吾非斯人之徒与而谁与?天下有道,丘不与易也。"

译文

长沮、桀溺两人在一起耕种,孔子路过,让子路去寻问渡口在哪里。长沮问子路:"那个拿着缰绳的是谁?"子路说:"是孔丘。"长沮问:"是鲁国的孔丘吗?"子路说:"是的。"长沮说:"那他是早已知道渡口的位置了。"子路再去问桀溺。桀溺问:"你是谁?"子路说:"我是仲由。"桀溺问:"你是鲁国孔丘的门徒吗?"子路说:"是的。"桀溺说:"像洪水一般的坏东西到处都是,你们同谁去改变它呢?而且你与其跟着躲避坏人的人,为什么不跟着躲避社会的人呢?"说完,仍旧不停地做田里的农活。子路回来后把情况报告给孔子。孔子很失望地说:"人是不能与飞禽走兽合群共处的,如果不和世上的人打交道还与谁打交道呢?如果天下太平,我就不会与你们一道来改变它了。"

①长沮、桀溺：两位隐士，姓名和身世不详。②耦而耕：两个人合力耕作。③问津：津，渡口。寻问渡口。④执舆：执辔，指拉马的缰绳。⑤辟：同"避"。⑥耰：yōu，用土覆盖种子。⑦怃然：怃，wǔ。怅然失意的样子。

18.7 子路从而后，遇丈人，以杖荷蓧①。子路问曰："子见夫子乎？"丈人曰："四体不勤，五谷不分②。孰为夫子？"植其杖而芸。

子路拱而立。

止子路宿，杀鸡为黍③而食④之，见其二子焉。

明日，子路行以告。

子曰："隐者也。"使子路反见之。至，则行矣。

子路曰："不仕无义。长幼之节，不可废也；君臣之义，如之何其废之？欲洁其身，而乱大伦。君子之仕也，行其义也。道之不行，已知之矣。"

译文

子路跟随孔子出行，落在了后面，遇到一个老丈，用拐杖挑着除草的工具。子路问道："你看到我的老师了吗？"老丈说："你手脚不勤作，五谷不会分辨，哪里知道你的老师是谁？"说完，便扶着拐杖去除草。子路拱着手恭敬地站在一旁。老丈留子路到他家住宿，杀了鸡，做了小米饭给他吃，又叫两个儿子出来与子路见面。第二天，子路把这件事报告给了孔子。孔子说："这是个隐士啊。"让子路回去再见他。子路到了那里，老丈已经走了。子路说："不做官是不对的。长幼间的礼节是不可能废弃的；君臣间

235

的礼节怎么能废弃呢?想要自身清白,却破坏了根本的君臣伦理关系。君子做官,只是为了实行君臣之义。至于我们的政治主张行不通,早就知道了。"

---

①莜:diào,除草用的农具。②四体不勤,五谷不分:一说这是丈人指自己。分是粪;不,是语气词,意为:我忙于播种五谷,没有闲暇,怎知你夫子是谁?另一说是丈人责备子路。说子路手脚不勤,五谷不分。③黍:shǔ,黏小米。④食:sì,拿东西给人吃。

18.8 逸①民:伯夷、叔齐、虞仲、夷逸、朱张、柳下惠、少连②。子曰:"不降其志,不辱其身,伯夷、叔齐与!"谓:"柳下惠、少连,降志辱身矣,言中伦,行中虑,其斯而已矣。"谓:"虞仲、夷逸,隐居放③言,身中清,废中权。我则异于是,无可无不可。"

译文
被遗落的人有:伯夷、叔齐、虞仲、夷逸、朱张、柳下惠、少连。孔子说:"不降低自己的意志,不辱没自己的身份,这是伯夷、叔齐吧!"又说:"柳下惠、少连降低自己的意志,辱没自己的身份,但说话合乎伦理,行为合乎考虑,也不过如此而已。"又说:"虞仲、夷逸过着隐居的生活,不说世事,隐身合乎清廉,弃官合乎权宜。我却同这些人不一样,没有什么可以,也没有什么不可以。"

①逸：同"佚"，散失、遗落。②虞仲、夷逸、朱张、少连：此四人身世不详，从文中意思看，当是没落贵族。③放：放置，不再谈论世事。

18.9 大师挚①适齐，亚饭干适楚，三饭缭适蔡，四饭缺适秦②，鼓方叔③入于河，播鼗④武入于汉，少师⑤阳、击磬襄⑥入于海。

译文

太师挚逃到齐国去了，亚饭干逃到楚国去了，三饭缭逃到蔡国去了，四饭缺逃到秦国去了，打鼓的方叔到了黄河边，敲小鼓的武到了汉水边，少师阳和击磬的襄到了海边。

①大师挚：大同"太"。太师是鲁国乐官之长，挚为人名。②亚饭、三饭、四饭：都是乐官名。古代君主用饭都要奏乐，干、缭、缺为人名，这些人身世均不可考。③鼓方叔：击鼓的乐师，名方叔。④鼗：táo，小鼓。⑤少师：乐官名，副乐师。⑥击磬襄：击磬的乐师，名襄。

18.10 周公谓鲁公①曰："君子不施②其亲，不使大臣怨乎不以③。故旧无大故，则不弃也。无求备于一人！"

译文

周公对鲁公说："君子不疏远他的亲属，不使大臣们抱怨不被任用。旧友老臣没有大的过失，就不要抛弃他们，不要对一个人要求完美。"

①鲁公：指周公的儿子伯禽，封于鲁。②施：同"弛"，怠慢、疏远。③以：用。

18.11 周有八士①：伯达、伯适②、仲突、仲忽、叔夜、叔夏、季随、季骊③。

译文

周代有八位士：伯达、伯适、仲突、仲忽、叔夜、叔夏、季随、季骊。

①八士：此八人不可考。②适：kuò。③骊：guā。

子张篇第十九

本篇记载的是孔子门人子张、子夏、曾子、子贡等人的言行，内容涉及政事、德行等方面，与孔子追求德、义、信、学一致。但篇中子夏与子张的主张有着明显的不同，表明孔子以后门人因认识和接受孔子思想的不同，儒家思想出现了分流，对后世对孔子思想全貌性的认识产生了影响。文中记载他人言"子贡贤于仲尼"，从侧面反映了后世对孔子思想的不了解，而通过子贡的话语则体现了门人对孔子极为推崇之情，从而塑造了门人眼中的不可企及的孔子形象。

19.1 子张曰："士见危致命，见得思义，祭思敬，丧思哀，其可已矣。"

译文
子张说："士遇见危险时能献出自己的生命，看见有利可得时考虑是否合乎义，祭祀时考虑到严肃恭敬，居丧的时候考虑到哀痛悲伤，这样就可以了。"

19.2 子张曰:"执德不弘,信道不笃,焉能为有?焉能为亡?"

译文

子张说:"实行德而不能发扬光大,信仰道而不能忠实坚定,(这样的人)怎么能说有,又怎么说他没有?"

19.3 子夏之门人问交于子张。子张曰:"子夏云何?"对曰:"子夏曰:'可者与之,其不可者拒之。'"子张曰:"异乎吾所闻:君子尊贤而容众,嘉善而矜不能。我之大贤与,于人何所不容?我之不贤与,人将拒我,如之何其拒人也?"

译文

子夏的学生向子张问怎样结交朋友。子张说:"子夏说了什么?"回答道:"子夏说:'可以相交的就和他交朋友,不可以相交的就拒绝他。'"子张说:"我所听到的和这些不一样:君子既尊重贤人,而又能容纳众人;能够赞美好人,而又能同情能力不够的人。如果我是十分贤良的人,那我对别人有什么不能容纳的呢?如果我不贤良,别人就会拒绝我,我还怎么能去拒绝别人呢?"

19.4 子夏曰:"虽小道①,必有可观者焉;致远恐泥②,是以君子不为也。"

译文

子夏说:"虽然农商等都是些小的技艺,也一定有可取的地方;恐怕它妨碍远大事业,所以君子不从事这些。"

---

①小道:指各种农、工、商、医、卜之类的技艺。②泥:nì,阻滞,不通,妨碍。

19.5 子夏曰:"日知其所亡,月无忘其所能,可谓好学也已矣。"

译文

子夏说:"每天学到一些过去所不知道的东西,每月都不忘记已经学会的东西,这就可以叫做好学了。"

19.6 子夏曰:"博学而笃志①,切问②而近思,仁在其中矣。"

译文

子夏说:"广博地学习而坚守志向,问与切身有关的问题并且去思考当前的事情,仁就在这中间了。"

---

①志:志向。②切问:问与切身有关的问题。

19.7 子夏曰:"百工居肆①以成其事,君子学以致其道。"

译文

子夏说:"各行各业的工匠在作坊里来完成自己的工作,君子通过学习来获得道。"

---

①百工居肆:百工,各行各业的工匠。肆,古代社会制作物品的作坊。

19.8 子夏说:"小人之过也必文。"

译文

子夏说:"小人犯了错误一定要加以掩饰。"

19.9 子夏曰:"君子有三变:望之俨然,即之也温,听其言也厉。"

译文

子夏说:"君子有三变:远看他庄严可怕,接近他又温和可亲,听他说话语言严厉不苟。"

19.10 子夏曰:"君子信而后劳其民;未信,则以为厉己也,信而后谏;未信,则以为谤己也。"

译文

子夏说:"君子必须取得信任之后才去役使百姓,否则,百姓就会以为你是在虐待他们。要先取得信任,然后才去规劝;否则,(君主)就会以为你在诽谤他。"

19.11 子夏曰:"大德①不逾闲②,小德出入可也。"

译文

子夏说:"大节上不能超越界限,小节上有些出入是可以的。"

---

①大德、小德:指大节、小节。②闲:木栏,这里指界限。

19.12 子游曰:"子夏之门人小子,当洒扫应对进退,则可矣,抑①末也。本之则无,如之何?"

子夏闻之,曰:"噫!言游过矣!君子之道,孰先传焉?孰后倦②焉?譬诸草木,区以别矣。君子之道,焉可诬③也?有始有卒者,其惟圣人乎!"

译文

子游说:"子夏的学生,做些打扫和迎送客人的事情是可以的,但这些不过是末节小事。根本的东西却没有学到,这怎么可以呢?"

子夏听了,说:"唉,子游错了。君子之道先传授哪一条,后传授哪一条,这就像草和木一样,都是要分类区别的。君子的道怎么可以随意歪曲,欺骗学生呢?能按次序有始有终地教授学生,恐怕只有圣人吧!"

---

①抑:但是,不过。②倦:教诲。③诬:欺骗。

19.13 子夏曰:"仕而优①则学,学而优则仕。"

译文

子夏说:"做官还有余力,就可以去学习,学习还有余力,就可以去做官。"

①优:有余力。

19.14 子游曰:"丧致乎哀而止。"

译文

子游说:"丧事做到尽哀也就可以了。"

19.15 子游曰:"吾友张也为难能也,然而未仁。"

译文

子游说:"我的朋友子张可以说是难得的了,然而还没有做到仁。"

19.16 曾子曰:"堂堂乎张也,难与并为仁矣。"

译文

曾子说:"子张为人高不可攀,难以和他一起做到仁。"

19.17 曾子曰:"吾闻诸夫子:人未有自致者也,必也亲丧乎！"

译文

曾子说："我听老师说过：人不可能自动地充分发挥感情，（如果有）一定是在父母死亡的时候吧！"

19.18 曾子曰："吾闻诸夫子：孟庄子①之孝也，其他可能也；其不改父之臣与父之政，是难能也。"

译文

曾子说："我听老师说过：孟庄子的孝，其他人也可以做到，但他不更换父亲的僚属及其政治措施，这是别人难以做到的。"

---

①孟庄子：鲁国的大夫孟孙速。

19.19 孟氏使阳肤①为士师，问于曾子。曾子曰："上失其道，民散久矣。如得其情，则哀矜②而勿喜！"

译文

孟氏任命阳肤做典狱官，阳肤向曾子请教。曾子说："在上位的人离开了正道，百姓已经离心离德很久了。你如果能弄清他们的情况，就应当怜悯他们而不要自鸣得意。"

---

①阳肤：曾子的学生。 ②矜：怜悯。

19.20 子贡曰:"纣①之不善,不如是之甚也。是以君子恶居下流,天下之恶皆归焉。"

译文

子贡说:"纣王的不善,不像传说的那样厉害。是因为君子憎恨处在下流的地方,所以天下的一切坏名声都会归到他的身上。"

---

①纣:商代最后一个君主,名辛,纣是他的谥号。

19.21 子贡曰:"君子之过也,如日月之食焉:过也,人皆见之;更也,人皆仰之。"

译文

子贡说:"君子的过错好比日食月食。他犯了过错,人们都看得见;改正过错,人们都仰望他。"

19.22 卫公孙朝①问于子贡曰:"仲尼②焉学?"子贡曰:"文武之道,未坠于地,在人。贤者识其大者,不贤者识其小者,莫不有文武之道焉。夫子焉不学?而亦何常师之有?"

译文

卫国的公孙朝问子贡:"仲尼的学问是从哪里学来的?"子贡说:"周文王、武王的道,并没有失传,还留在人们中间。贤能的人可以了解它的根本,不贤的人只了解它的末节,没有什么地方无文王、武王之道。我们老师哪里不学,又何必要有固定的老师传播呢?"

---

①卫公孙朝:卫国的大夫公孙朝。②仲尼:孔子的字。

19.23 叔孙武叔①语大夫于朝曰:"子贡贤于仲尼。"子服景伯②以告子贡。

子贡曰:"譬之宫墙③,赐之墙也及肩,窥见室家之好。夫子之墙数仞④,不得其门而入,不见宗庙之美,百官⑤之富。得其门者或寡矣。夫子之云,不亦宜乎!"

译文

叔孙武叔在朝廷上对大夫们说:"子贡比仲尼更贤德。"子服景伯把这一番话告诉了子贡。子贡说:"拿围墙来作比喻,我家的围墙只有肩高,谁都可以看到房屋的美好。老师家的围墙却有几仞高,如果找不到门进去,你就看不见里面宗庙的富丽堂皇和房屋的绚丽多彩。能够找到大门进去的人并不多。叔孙武叔这么说,不也是很自然吗?"

---

①叔孙武叔:鲁国大夫,名州仇,三桓之一。②子服景伯:鲁国的大夫。③宫墙:宫也是墙。这里指围墙。④仞:rèn,古时七尺为仞,一说八尺为仞,一说五尺六寸为仞。⑤官:这里指房舍。

19.24 叔孙武叔毁仲尼。子贡曰:"无以为也!仲尼不可毁也。他人之贤者,丘陵也,犹可逾也;仲尼,日月也,无得而逾焉。人虽欲自绝,其何伤于日月乎?多见其不知量也。"

译文

叔孙武叔诽谤仲尼。子贡说:"(这样做)是没有用的!仲尼是毁谤不了的。别人的贤德,就像丘陵,还可以超越过去;仲尼的贤德,就像太阳和月亮,是无法超越的。虽然有人想要自绝于日月,对日月又有什么损害呢?只是表明他不自量力罢了。"

19.25 陈子禽谓子贡曰:"子为恭也,仲尼岂贤于子乎?"

子贡曰:"君子一言以为知,一言以为不知,言不可不慎也。夫子之不可及也,犹天之不可阶而升也。夫子之得邦家者,所谓立之斯立,道①之斯行,绥②之斯来,动之斯和。其生也荣,其死也哀。如之何其可及也?"

译文

陈子禽对子贡说:"你是谦恭罢了,仲尼怎么能比你更贤呢?"
子贡说:"君子的一句话就可以表现他的有知,一句话也可以表现他的无知,所以说话不可以不慎重。老师的高不可及,正像天是不能够顺着梯子爬上去一样。老师如果得邦国而为诸侯或得到采邑而为卿大夫,那就会像人们说的那样,教百姓立于礼,百姓就会立于礼,引导百姓,百姓就会前进;安抚百姓,百姓就会归顺;动员百姓,百姓就会齐心协力。(老师)活着是十分荣耀的,死了是极其可惜的。我怎么能赶得上他呢?"

---

①道:导,引导。②绥:suí,安抚。

尧曰篇第二十

尧曰篇共三则。第一则记载尧禅让帝位给舜和商汤向天祈祷求雨的话和周武王之事，以此，孔子认为统治者要具有宽、信、敏、公等品德，重视"民、食、丧、祭"等事，采取各种有利于民生的措施从而使百姓归服，体现了儒家的民本思想。第二则是孔子与子张之间的问答，孔子提出治理政事要"尊五美、屏四恶"，并对五美、四恶作了具体的说明。第三则孔子再次指出了知命、知礼和知言的重要性。

20.1 尧曰："咨①！尔舜！天之历数在尔躬，允②执其中。四海困穷，天禄永终。"

舜亦以命禹。

曰："予小子履③，敢用玄牡④，敢昭告于皇皇后帝：有罪不敢赦。帝臣不蔽，简⑤在帝心。朕⑥躬有罪，无以万方；万方有罪，罪在朕躬。"

周有大赉⑦，善人是富。"虽有周亲⑧，不如仁人。百姓有过，在予一人。"

谨权量⑨，审法度⑩，修废官，四方之政行焉。兴灭国，继绝世，举逸民，天下之民归心焉。

所重：民、食、丧、祭。

宽则得众，信则民任焉。敏则有功，公则说。

译文

尧说："啧啧！你这位舜！上天的大命已经落在你的身上了，诚实地保持那中道吧！假如天下百姓都陷于困苦和贫穷，上天赐给你的禄位也就会永远终止。"舜也这样告诫过禹。

（商汤）说："我谨慎地用黑色的公牛来祭祀，向伟大的天帝祷告：有罪的人我不敢擅自赦免。天帝的臣仆我也不敢掩蔽，由天帝的心来分辨、选择。我本人如果有罪，不要牵连天下万方，天下万方如果有罪，都归我一个人承担。"

周朝大封诸侯，使善人都富贵起来。（周武王）说："我虽然有至亲，但不如有仁德的人。百姓有过错，由我一人承担。"

认真检查度量衡，周密地制定法度，修废官，全国的政令就会通行。恢复被灭亡了的国家，接续已经断绝了的家族，提拔被遗落的人才，天下百姓就会真心归服了。

所重视的四件事：人民、粮食、丧礼、祭祀。

宽厚就会得到众人的拥护，诚信就会得到别人的任用，勤敏就会取得功绩，公平就会使百姓高兴。

---

①咨：即"啧"，感叹词，表示赞誉。②允：真诚、诚信。③履：这是商汤的名字。④玄牡：玄，黑色。牡，公牛。⑤简：阅，这里是知道的意思。⑥朕：我。从秦始皇起，专用作帝王自称。⑦赉：lài，赏赐。⑧周亲：

至亲。⑨权量：权，秤锤。指量轻重的标准。量，斗斛。指量容积的标准。⑩法度：指量长度的标准。

20.2 子张问于孔子曰："何如斯可以从政矣？"

子曰："尊五美，屏①四恶，斯可以从政矣。"

子张曰："何谓五美？"

子曰："君子惠而不费，劳而不怨，欲而不贪，泰而不骄，威而不猛。"

子张曰："何谓惠而不费？"

子曰："因民之所利而利之，斯不亦惠而不费乎？择可劳而劳之，又谁怨？欲仁而得仁，又焉贪？君子无众寡，无小大，无敢慢，斯不亦泰而不骄乎？君子正其衣冠，尊其瞻视，俨然人望而畏之，斯不亦威而不猛乎？"

子张曰："何谓四恶？"

子曰："不教而杀谓之虐；不戒视成谓之暴；慢令致期谓之贼；犹之②与人也，出纳之吝谓之有司③。"

译文

子张问孔子说："怎样才可以治理政事呢？"

孔子说："尊重五种美德，屏除四种恶政，这样就可以治理政事了。"

子张问："五种美德是什么？"

孔子说："君子要给百姓以恩惠而自己却无所破费；使百姓劳作而不被他们怨恨；欲求仁德而不贪图财利；安详坦然而不傲慢；

威严而不凶猛。"

子张说："什么叫要给百姓以恩惠而自己却无所破费呢？"

孔子说："让百姓们去做对他们有恩惠的事，这不就是给百姓恩惠而自己无所破费吗？选择可以让百姓劳作的时间和事情让百姓去做，这又有谁会怨恨呢？自己要追求仁德便得到了仁德，又还有什么可贪求的呢？君子对人，无论多少，势力大小，都不怠慢他们，这不就是庄重而不傲慢吗？君子衣冠整齐，目不斜视，使人见了就让人生敬畏之心，这不也是威严而不凶猛吗？"

子张问："什么是四种恶政呢？"

孔子说："不经教化就加以杀戮叫做虐；不加告诫便要求成功叫做暴；不加督促而突然限期叫做贼；同样是给人财物，却出手吝啬，叫做小气。"

①屏：bǐng，屏除。②犹之：同样。③有司：指古代负责具体事务的官吏，官职卑微。这里意译为小气。

20.3 孔子曰："不知命，无以为君子也；不知礼，无以立也；不知言，无以知人也。"

译文

孔子说："不懂得天命，就不能做君子；不懂得礼仪，就不能立身处世；不善于分辨别人的话语，就不能真正了解他。"

名句索引

《论语》

仁德之美

1. 修己以安人。

——《论语·宪问》

2. 弟子,入则孝,出则悌,谨而信,泛爱众而亲仁。行有余力,则以学文。

——《论语·学而》

3. 唯仁者能好人,能恶人。

——《论语·里仁》

4. 克己复礼为仁。一日克己复礼,天下归仁焉。

——《论语·颜渊》

5. 博学于文,约之以礼,亦可以弗畔矣夫!

——《论语·颜渊》

6. 己欲立而立人,己欲达而达人,能近取譬,可谓仁之方也已。

——《论语·雍也》

7.人之生也直,罔之生也幸而免。

——《论语·雍也》

个人修养

1.志于道,据于德,依于仁,游于艺。

——《论语·述而》

2.吾日三省吾身:为人谋而不忠乎?与朋友交而不信乎?传不习乎?

——《论语·学而》

3.人不知而不愠,不亦君子乎?

——《论语·学而》

4.子曰:不患人之不己知,患不知人也。

——《论语·学而》

5.子曰:其恕乎!己所不欲,勿施于人。

——《论语·颜渊》

6.不迁怒,不贰过。

——《论语·雍也》

7.躬自厚而薄责于人。

——《论语·卫灵公》

君子人格塑造

1.君子不器。

——《论语·为政》

2. 子曰:"君子周而不比,小人比而不周。"

——《论语·为政》

3. 君子和而不同,小人同而不和。

——《论语·子路》

4. 君子泰而不骄。

——《论语·子路》

5. 义以为质,礼以行之,孙以出之,信以成之。

——《论语·卫灵公》

6. 君子矜而不争,群而不党。

——《论语·卫灵公》

7. 君子病无能焉,不病人之不已知也。

——《论语·卫灵公》

8. 君子疾得世而名不称焉。

——《论语·卫灵公》

9. 君子求诸己,小人求诸人。

——《论语·卫灵公》

10. 君子谋道不谋食。君子忧道不忧贫。

——《论语·卫灵公》

11. 君子喻于义,小人喻于利。

——《论语·里仁》

12. 君子怀德,小人怀土;君子怀刑,小人怀惠。

——《论语·里仁》

13. 君子欲讷于言，而敏于行。

——《论语·里仁》

14. 子曰："君子成人之美，不成人之恶。小人反是。"

——《论语·颜渊》

学习态度

1. 知之者不如好之者，好之者不如乐之者。

——《论语·雍也》

2. 一箪食，一瓢饮，在陋巷，人不堪其忧，回也不改其乐。

——《论语·雍也》

3. 力不足者，中道而废，今女画。

——《论语·雍也》

4. 士志于道，而耻恶衣恶食者，未足与议也。

——《论语·里仁》

5. "发愤忘食，乐以忘忧，不知老之将至"的人。

——《论语·述而》

6. 三人行，必有我师焉。择其善者而从之，其不善者而改之。

——《论语·述而》

7. 敏而好学，不耻下问。

——《论语·公冶长》

8. 知之为知之，不知为不知，是知也。

——《论语·为政》

学习方法

1.学而时习之,不亦说乎。

——《论语·学而》

2.温故而知新,可以为师矣。

——《论语·为政》

3.学而不思则罔,思而不学则殆。

——《论语·为政》

学习目的

1.诵《诗》三百,授之以政,不达;使于四方,不能专对;虽多,亦奚以为?

——《论语·子路》

2.仕而优则学,学而优则仕。

——《论语·子路》

3.德之不修,学之不讲,闻义不能徙,不善不能改,是吾忧也。

——《论语·述而》

4.士志于道,朝闻道,夕死可矣。

——《论语·里仁》

5.士不可以不弘毅,任重而道远。

——《论语·泰伯》

教育方法

1.有教无类。

——《论语·卫灵公》

2.因材施教。

——《论语·为政》

3.中人以上,可以语上也;中人以下,不可以语上也。

——《论语·雍也》

4.求也退,故进之;由也兼人,故退之。

——《论语·先进》

5.告诸往而知来者。

——《论语·学而》

6.不愤不启,不悱不发,举一隅不以三隅反,则不复也。

——《论语·述而》

7.默而识之,学而不厌,诲人不倦,何有于我哉?

——《论语·述而》

8.夫子循循然善诱人,博我以文,约我以礼,欲罢不能,既竭吾才,如有所立卓尔。虽欲从之,末由也已!

——《论语·子罕》

习 礼

1.不学礼,无以立。

——《论语·季氏》

2. 博学于文,约之以礼。

——《论语·雍也》

3. 礼之用,和为贵。先王之道,斯为美;小大由之。有所不行,知和而和,不以礼节之,亦不可行也。

——《论语·学而》

4. 贫而乐,富而好礼。

——《论语·学而》

5. 礼,与其奢也,宁俭;丧,与其易也,宁戚。

——《论语·八佾》

名著知识要点

作者及年代	孔子（公元前551—公元前479），名丘，字仲尼，春秋时鲁国陬邑人，是我国历史上伟大的思想家、教育家和政治家。 　　《论语》是儒家学派的经典著作之一，由孔子的弟子及其再传弟子编撰而成。它以语录体和对话文体为主，记录了孔子及其弟子言行，集中体现了孔子的政治主张、道德观念及教育原则等。
地位与影响	《论语》和《大学》《中庸》《孟子》合称为"四书"，是封建社会读书人的必读书。《论语》内容涉及很广，包括哲学、政治、教育、文学、艺术乃至立身处世之道等。其文字简短，精练质朴，含义深刻，不少句子被人们当做格言而奉行，是我国现存最早用语录体记录的古籍。它是研究孔子思想的重要依据，在我国思想史、文化史和教育史上具有深远的影响，在文学史上占有重要地位。
作家作品评价	"半部《论语》治天下，万世师表耀古今。"典出宋代罗大经《鹤林玉露》卷七：宋初宰相赵普，人言所读仅只《论语》而已。太宗赵光义因此问他。他说："臣平生所知，诚不出此，昔以其半辅太祖（赵匡胤）定天下，今欲以其半辅陛下致太平。"

续表

文章主旨	《论语》体现了孔子的政治主张、伦理思想、道德观念、教育原则、处世方法等,其核心思想是"仁"。《论语》的"仁",即仁德,它蕴含了君子所有必须具备的道德品性和个人修养,主张以"仁"、以"德"教化天下,即用王道治理天下。在认识问题和教书育人上,主张实事求是的态度,注重"学"与"思"的结合,即"学而不思则罔,思而不学则殆"。
艺术特色	语言口语化,自然亲切。 简洁明快,言简意赅。 幽默诙谐,语境轻松。 生动传神,形神兼备。

阅读自我测试

1. 《论语》对后人的思想有深刻的影响。请写出《论语》中与下面文字意思相仿的一句话,然后分析它们所表达的思想。

"大凡君子与君子以同道为朋,小人与小人以同利为朋,此自然之理也。"(欧阳修《朋党论》)

2. 阅读《论语》中的两则文字,然后回答问题。

子曰:"不愤不启,不悱不发。举一隅不以三隅反,则不复也。"

子曰:"予欲无言。"子贡曰:"子如不言,则小子何述焉?"子曰:"天何言哉?四时行焉,百物生焉,天何言哉!"

(1)有不少成语源于《论语》,例如"不愤不启""不悱不发",请再写一个出自上述语段的成语。

（2）根据孔子与子贡的对话，概括出一条教学原则，并加以评析。

_____

_____

3. 阅读《论语》中的一段文字，然后回答问题。

子曰："士志于道，而耻恶衣恶食者，未足与议也。"

你是否赞成孔子的观点？请联系实际谈谈你的看法。

_____

_____

4. 阅读《论语》中的几段文字，回答下面的问题。

子曰："仁远乎哉？我欲仁，斯仁至矣。"（《论语·述而》）

子曰："君子喻于义，小人喻于利。"（《论语·里仁》）

子曰："志士仁人，无求生以害仁，有杀身以成仁。"（《论语·卫灵公》）

子曰："饭疏食饮水，曲肱而枕之，乐亦在其中矣。不义而富且贵，于我如浮云。"（《论语·述而》）

（1）孔子说自己"乐在其中"，谈谈你对此处孔子提及的"乐"的内涵的理解。

_____

_____

（2）后世儒者遵从孔子的信念，孟子的"舍生取义"，董仲舒的"正其义不谋其利"，都力图追求道德精神的完善。从上面的选

段来看,儒家价值观的核心是什么?说说这些观点对你现实生活的启示。(不超过50字)

_____
_____
_____

参考答案

1. 君子喻于义，小人喻于利。《论语》告诉我们，君子追求义，小人追求利。这种思想反映在欧阳修的《朋党论》中，即君子交友与小人交友的本质区别在于对义与利有不同的价值取向。

2. （1）举一反三

（2）教学原则：学生主体原则、注重身教原则。评析：略。

3. 赞成。读书人既志于学道，而又以恶衣恶食为耻，可见其心仍在名利、物质，志实未立，故不足与之谈道。或：不赞成。追求正道和追求好的物质生活并不矛盾，现代人在追求正道的同时，有权提高生活的品质。

4. （1）为心中的坚定信念（道德修养、仁的追求）而乐，为能够坚守"乐"而乐。

（2）儒家的核心价值观特色——重义崇德。启示：在艰难困苦中也能感受生活的意义和价值，坚定自己的人生信念。在饱经忧患中保持自己的人格尊严，牢记自己的人生使命。